杰出投资者的底层认知

MONEY FOR THE REST OF US:

10 Questions to Master Successful Investing

[美] J. 戴维·斯坦恩　　◎著

（J. David Stein）

庞鑫　刘寅龙　◎译

中国科学技术出版社

·北　京·

本书中文简体字版通过 **Grand China Happy Cultural Communications Ltd**（深圳市中资海派文化传播有限公司）授权中国科学技术出版社在中国大陆地区出版并独家发行。未经出版者书面许可，不得以任何方式抄袭、节录或翻印本书的任何部分。

北京市版权局著作权合同登记　图字：01-2023-3704

图书在版编目（ＣＩＰ）数据

杰出投资者的底层认知 /（美）J. 戴维·斯坦恩
(J. David Stein) 著 ; 庞鑫 , 刘寅龙译 . -- 北京 : 中
国科学技术出版社 , 2024.5
书名原文 : Money for the Rest of Us : 10
Questions to Master Successful Investing
ISBN 978-7-5236-0529-5

Ⅰ . ①杰… Ⅱ . ①J… ②庞… ③刘… Ⅲ . ①投资—
基本知识 Ⅳ . ① F830.59

中国国家版本馆 CIP 数据核字 (2024) 第 058365 号

执行策划	黄　河　桂　林		
责任编辑	申永刚		
策划编辑	申永刚　刘颖洁		
特约编辑	蔡　波		
封面设计	东合社·安宁		
版式设计	孟雪莹		
责任印制	李晓霖		

出　　版	中国科学技术出版社
发　　行	中国科学技术出版社有限公司发行部
地　　址	北京市海淀区中关村南大街 16 号
邮　　编	100081
发行电话	010-62173865
传　　真	010-62173081
网　　址	http://www.cspbooks.com.cn

开　　本	787mm×1092mm　1/32
字　　数	192 千字
印　　张	9
版　　次	2024 年 5 月第 1 版
印　　次	2024 年 5 月第 1 次印刷
印　　刷	深圳市精彩印联合印务有限公司
书　　号	ISBN 978-7-5236-0529-5/F·1231
定　　价	79.00 元

（凡购买本社图书，如有缺页、倒页、脱页者，本社发行部负责调换）

MONEY FOR THE REST OF US
杰 出 投 资 者 的 底 层 认 知

　　《杰出投资者的底层认知》提供的由10个问题构成的底层认知投资框架，能够确保每个投资者既不会因为害怕出错而远离投资，也不会盲目面对超出承受能力的重大投资失误。

杰出投资者的

底层认知

MONEY FOR THE REST OF US

安妮·杜克（Annie Duke）
美国知名风险决策专家，《对赌》（*Thinking in Bets*）作者

我们在做决定时，一个最大的弱点就是自以为是，总以为自己无所不知。在《杰出投资者的底层认知》中，斯坦恩为普通投资者提供了一个基本框架：关注我们不了解的事情，避免过度自信，重视风险评估。实际上，这个框架不仅有助于我们的投资，也是我们制定任何决策的出发点。

迈克尔·波特（Michael Port）
《纽约时报》《华尔街日报》畅销书作者

即便不是数学专家或者金融专家，你一样可以成为杰出的投资者。但你需要一个严格规划的投资流程，一个可以让你在陷入困境时应对自如的框架。最成功、最诚信的投资者并不比我们更了解未来趋势，

到底是什么让他们与众不同呢？他们拥有一套能指导投资决策的理念和决策过程。显然，斯坦恩为我们提供了一个最佳的框架，让我们对所有投资中最重要的方面做出理性评估，并最终帮助我们实现个人理财目标。

贝纳迪特·吉瓦（Bernadette Jiwa）
畅销书作者、澳大利亚顶级商业思想家

　　大家都说，图书作者应该写他自己想看的书，而斯坦恩的《杰出投资者的底层认知》做得更好，因为这本书不仅是作者，也是大家都想看的书。多年以来，斯坦恩一直在努力了解普通投资者的需求，帮助寻找尚未解决的问题的答案。斯坦恩并不是想告诉大家该如何投资，他只是帮助人们更有信心做出明智的投资决策。如果你想成为聪明的投资者，那么，这本书肯定会让你茅塞顿开。

罗杰·惠特尼（Roger P. Whitney）
国际金融理财师（CFP）、特许管理会计师（CIMA）

　　如果你想成为一名杰出的投资者，本书就应该是摆在你办公桌上的投资指南。斯坦恩为我们制定成功投资决策提出了宝贵的建议。

琼·索尔－塞伊（Joe Saul-Sehy）
Stacking Benjamins 播客的创建者及联合主持人

关于投资，我们每个人都可以轻而易举地提出 50 个问题。但斯坦恩告诉我们，像他这样深谙投资之道的高手，会把这些问题精简到所有人都不得不知的 10 个问题。无论你的投资是为了保值还是增值，这些问题都会让你受到启发。读这本书，肯定会让你大彻大悟。

罗伯·阿诺特（Rob Arnott）
锐联资产管理公司（Research Affiliates）董事长

斯坦恩通过一系列个人经历为投资者提供了一个清晰的基本投资路线图。他告诉我们，过去并不是未来的开端，以前的成功策略未必能给未来带来成功。

卡伦·罗什（Cullen Roche）
奥尔康金融集团（Orcam Financial Group）创始人
《务实投资》（*Pragmatic Capitalism*）作者

《杰出投资者的底层认知》是一本通俗易懂却又洞悉投资精髓的指南。斯坦恩为读者提供了在尝试驾驭投资环境时遇到的最相关问题的答案。这本书是对我们投资理念的宝贵补充。

郭　睿

威科夫技术中国推广先行者、著名私募机构顶级交易经理人

面对投资，我们可能觉得千头万绪，无从下手，心里的疑问更是层出不穷。斯坦恩将投资中最重要、最基本的底层认知总结成了 10 个问题，如果我们按这 10 个问题来解释自己的每一笔投资，我们肯定会对自己的投资决策更加自信和理智，成为新一代的杰出投资者。

刘寅龙

经济学博士、注册会计师、注册资产评估师、图书译者

纷繁复杂的金融世界让投资者眼花缭乱，而深奥莫测的各类投资专著，更是让投资者不知所措。诚然，当投资者幻想一夜暴富的美梦时，他们又不得不面对充满不确定性、风险甚至是陷阱的市场环境。

J. 戴维·斯坦恩的《杰出投资者的底层认知》则一反常规，他用貌似简单得不能再简单的 10 个问题，向读者娓娓道来投资的真谛。物极必反，复杂事物的尽头往往是事物最简单的本质。这 10 个问题无疑是所有投资的底层认知，当投资者思考和回答这些问题的时候，他们就是在拨云见日，认识自己，认识投资世界。

从底层认知出发，
勇敢而理智地应对下一个投资机会

几年前，我在美国爱达荷州提顿山谷的一家农场遇见一位灭鼠员。那家农场是占地 32 万平方米的投资物业，还包括一个度假村，周围是绿油油的麦田，放眼眺望，大提顿山脉一览无余。麋鹿和驼鹿经常出没在这片田野中，蓝鸟在枝头跳来跳去。我们梦寐以求的这块地产存在两个问题：

第一个是房屋里的老鼠已经成灾，所以我们找来这位灭鼠员；

第二个问题更严重，在马路对面距农场很近的地方，一个闲置近 10 年的废弃采石场恢复正常运转，每隔几分钟，就会有一辆装满砾石的自卸卡车驶过农场，一时间灰尘漫天飞扬。

最初吸引我们来这里的景色和安静被彻底打破，在采石场上，一台碎石机每天工作 12 小时。当初在购买这片房屋濒临倒塌的农场时，我们以为赚到了大便宜，现在看来，农场当初的吸引力似乎荡然无存。

灭鼠员一边和我聊天，一边在房子四周布置诱饵盒。我向他提到，自己曾是一名机构投资顾问，现在通过个人播客和会员社区传授个人关于金钱、投资和理财等方面的知识。

他看着我，问："一个人投资股票每年可以赚多少钱呢？"我还没来得及说话，他索性自问自答，"我觉得 80% 的收益率是合理的。"

后来我才知道，他在那年早些时候第一次购买股票，当时已升值超过 80%。因此，这就是他现在给自己设定的预期收益率。在这种情况下，尽管我努力向他解释了哪些因素会决定股票收益率以及他为什么应该把这个预期收益率降低十分之一，但这些理由都没有说服他。

巴菲特说：我们更多的是被自己的错误打败

其实，灭鼠员和我都犯了投资错误。他的错误在于，他根本就不了解股票市场到底是如何运行的，因此，他的期望显然不切实际；我的错误在于一厢情愿地喜欢这块地产，却没有充分研究附近砾石坑带来的影响。所有人在投资过程中都会犯错。每个投资者——即便是非常成功的对冲基金经理，都难免失手。著名投资者和市场分析师内德·戴维斯（Ned Davis）曾说过："我们所从事的工作就是犯错误。胜利者和失败者之间的唯一区别在于，胜利者只是在犯小错误，而失败者则是在犯大错误。"[1]

作为以储蓄和投资为退休保障的个人，我们首先需要学会接受和面对这样一个事实：我们注定会犯错误。**我们既不能因为害怕出错而远离投资，也不能盲目面对超出承受能力的重大投资失误。**在投资领域内，成为失败者就意味着不能如期提供退休储蓄金甚至根本无法拥有体面的退休生活。在投资生涯中，我曾采访过数百位投资经理，包括股票投资者、债券经理、对冲基金经理和风险投资家，了解他们是如何投资的。在采访中，我会请他们讲述一次亲身经历的失败投资，以及从这次失败中得到的教训。

实际上，我不仅从其他投资者的失败中吸取教训，也在自己的投资失误中寻找经验。我曾为几十家拥有数十亿美元资产的慈善基金和基金会提供咨询，为他们提供投资理财建议。当然，我的一些建议确实行之有效，但也有一些建议不合时宜。作为首席投资经理和投资策略师，我还曾管理一个规模达 20 亿美元的投资组合，安全度过整个 2008 年全球金融危机。在这段时期，我与客户及合作伙伴共同合作，对投资组合的每一次操作，当然也包括我的失误，进行评估和反思。

史上最成功的投资者之一沃伦·巴菲特曾说过："我们更多的是被自己的错误打败。"[2] 但我们难免会犯错。在我的投资记忆中，失误远比成功要多。我们之所以对这些错误耿耿于怀，难以忘却，完全是因为我们很难把这些失败的结果与决策过程区分开来。在《对赌》一书中，职业扑克玩家和决策专家安妮·杜克是这样说的：

> "真正好的决策，并不是因为它产生了好的结果。相反，良好的决策来自合理的决策过程……决策是对未来的赌注，

因此，不能把个别决策的结果作为衡量决策本身是否正确的依据。只要我们事先充分考虑到各种替代方案以及出现各种结果的概率，并据此配置现有资源，即使结果不佳，也不能说明这个决策本身是错误的。"[3]

有时候，即使我们已经考虑周全，但投资却未能达到预期效果，因此，这个结果并不能说我们的选择是错误的。我们必须学会从经验中汲取养分，勇敢而理智地应对下一个投资机会。

谈到投资，我们的职责就是管理一个投资组合。投资经理需要比较不同的投资机会，并在机会中合理配置有限的资金。因此，**本书的基本目的，就是为读者提供一个基本框架、一个合理流程，帮助各位理性做出资金配置决策，这样，即使我们偶尔也会，而且必然会遭遇各种失败和不测，但始终将这些错误对我们的财务影响控制在有限范围内，我们就绝对不会陷入万劫不复的境地。**

面对极端不确定性，有人会因为市场的疯狂抛售而惊慌失措，有人因为选择诸多而不知所措，但严谨而理性的投资流程可以让我们做到心平气和、有条不紊。投资原则不仅可以帮助我们克服对出错的过度担心，更重要的是，它会指导我们避免犯大错。

不能因害怕出错而远离投资，但要避免酿成大错

现在，我已经不再从事专业资金管理。因此，我在财务上也要面临每个人都要面对的挑战：确保为退休攒下足够的钱，而且还要让这

笔钱保值甚至增值。在过去 5 年里，我一直主持全球最受欢迎的投资播客之一——《大家来理财》。经常有听众问我，能否向他们推荐一本如何投资理财的书。当然，投资类的图书多如牛毛，不胜枚举。很多投资图书向初学者讲解如何开设股票交易账户，解释什么是指数基金，讨论储蓄和分散化投资的重要性。还有些投资图书涉及其他细节，譬如，如何以价值投资或动量策略、交易期权或外汇或者建立房地产投资组合来跑赢大盘。

但本书另立门户。尽管本书也包含针对各种投资策略的介绍，但它采取了更宽泛的视角，阐述如何通过评估投资机会，决定是否应该选择交易、创建房地产投资组合或尝试以巴菲特式的方法跑赢大盘。本书通过由 10 个问题构成的基本框架对所有投资类型进行分析。这个分析框架的目的在于，对任何一笔投资，我们都需要避免酿成大错，并通过投资提高赚取收益的概率。

简而言之，**本书所针对的投资者应具有如下 3 个基本特征：专注于投资组合和资产类别；能为准备退休而严格执行最基本的储蓄和投资原则；愿意尽一切努力确保财富的保值并增值。**

从投资大师的经验与教诲中汲取智慧

一个不争的事实：不一定只有金融专家才能成为成功的投资者。即使不是金融专家，我们依旧能厘清诸多复杂问题，走出投资泥潭。管理好我们的家庭和业务、安排旅游、参加体育运动，都需要我们拿出相当的精力。而带领我们走出迷雾的经验就是：以全面启发法指导我们的行动。在本书中，我将分享一些有助于为投资决策提供启发的经验法则。

本书将对如下问题作出解答：

◎ 投资、投机和赌博之间有什么区别？

◎ 如何确定一笔投资的预期收益率、潜在的上涨或下跌？

◎ 需要怎样做才能跑赢大盘，我们是否应该去尝试呢？

◎ 如何创造多样性投资组合而又不为现代投资组合理论
（Modern Portfolio Theory）的细节所困扰？

◎ 交易型开放式指数基金（ETF）、共同基金和封闭式基金之
间有什么区别？每种基金各存在哪些风险？

◎ 投资被动型指数基金是否意味着你应该在所有投资方面均
采取被动措施？

◎ 我们应该将资金一次性全部投入还是按平均成本法（Dollar
Cost Averaging）循序渐进投入，哪种更可取？

◎ 我们应该持有黄金还是加密货币，我们应该交易外汇吗？

◎ 我们应该追求可带来股利的稳定投资，还是应该进行国际
化投资？

　　······

本书既适用于交易新手，也适合那些已经浸淫投资世界多年的投资者，可以说，每个人都可以从本书中有所受益。我希望这本书能让你感受到与他人分享的快乐，如果读者愿意分享自己的感受，当然会

让我无上荣幸。实际上，我在本书中引用了很多来自投资大师的经验和教诲。我有幸结识其中的一部分人，遗憾的是，我与大多数人并无谋面之福。但他们无一不是我心目中的导师，多年来，我一直遵循并验证他们实践投资和风险管理的理念和方法。引用他们的观点，不只是为了强化本书的核心原则，也提醒我们要学会从他人的经验中汲取投资精华。

尽管我没有事先想到砾石坑带来的麻烦，但我们在提顿山谷农场的投资最终还是取得了成功。我们将整个地块平均分割成两块土地，并将其中一个地块连同房屋、牧场、谷仓和其他附属建筑打包卖给了一位女士。这位女士把这些物业改造成宿营地和度假山庄，专门接待那些自带马匹前来消遣并体验农场生活的人。

随着度假山庄的生意日渐火爆，我们很可能会把剩下的16万平方米的地块也卖给这位女士。毕竟，我们在这笔投资上实现了收支平衡，如果考虑到我与家人和朋友在这里感受到的美好，我甚至可以说，这笔投资非常成功。而我至今也不清楚灭鼠员的股票投资长期收益率。

杰出投资者的

底层认知

MONEY FOR THE REST OF US

CONTENTS 目　录

第 1 章　你了解你投资的东西吗？ 1

人们决定购买一只股票，但对此一无所知……那是赌博，绝不是好投资。（最伟大的基金经理之一 **彼得·林奇**）

赚到钱就能说明你的投资决策正确　　　　　　　　　5

投资前，你是否拥有信息优势？　　　　　　　　　　7

加密货币爆火又如何？不懂别碰！　　　　　　　　　8

"非线性复杂适应系统"　　　　　　　　　　　　　　9

重要的不是预知未来，而是如何回应已知信息　　　11

你这么聪明，为什么不富有呢？　　　　　　　　　13

充分掌握当前信息优势再进行投资决策　　　　　　14

面对不确定也充满信心的投资框架　　　　　　　　16

第 2 章　投资、投机还是赌博？ 19

投资是以深入分析为基础，确保本金的安全，并获得适当的回报；不

满足这些要求的就是投机。（证券分析之父 **本杰明·格雷厄姆**）

什么是投资？   23

什么是投机？   24

投机，资金配置不应超过 10%   29

若不能合理预测正收益率，就果断放弃   30

第 3 章   期望收益能实现多少？ ────── **35**

我们据以评估预期收益的知识基础极其脆弱……即使把时间缩短为 5 年以后，情况也是如此。（宏观经济学之父 **约翰·梅纳德·凯恩斯**）

以历史收益率预测未来收益率，既天真又危险   38

经验法则：应用有效理论解决具体问题的捷径   43

运用有效的经验法则估算债券收益率   46

评估股票预期收益率的 3 种业绩驱动因素   56

如何估算投资组合的收益率？   66

对理财师承诺的超高收益率及方法提出疑问   69

第 4 章   如何管理投资组合的风险？ ───── **71**

风险管理应该是应对（预期）错误后果的处理过程。其核心任务，就是最大程度减少负面结果造成的伤害和痛苦。（著名金融史学家 **彼得·伯恩斯坦**）

在恐惧达到高峰时，资产配置带来的惊喜也变高   74

风险管理核心：减少负面结果的伤害和痛苦   77

投资严重亏损和恢复期，给退休者造成财务伤害   82

股票和债券的波动性会在经济增长放缓时加大   84

避免不可挽回的财务亏损，而不是规避所有风险   86

第 5 章　你在同谁做交易？ —————— **89**

大多数人犯下的最大错误是不客观地看待自己以及他人，这导致他们一次次地栽在自己或其他人的弱点上。（桥水基金创始人 **瑞·达利欧**）

不仅要了解交易对手，还要了解其掌握的信息优势   93

个人投资者能否对抗机构和交易机器人？   95

要通过识别错误定价的股票跑赢大盘，极其困难   98

回顾历史，市场参与者的集体智慧往往是错误的   102

适应性市场假说：市场参与者可能集体犯错   107

达利欧：对每个时点的可用信息作出合理反应   109

第 6 章　如何深入评估金融产品？ —————— **113**

如果能够避免一些投资陷阱，一个非常努力勤奋的人也能够获得比较好的结果。（传奇投资大师 **查理·芒格**）

一定要远离可自动赎回的有收益承诺票据　　　116

要额外考虑流动性、费用、结构和价格　　　119

分析 3 种常见基金的资产净值　　　124

一次典型的具有复杂适应系统特征的市场雪崩　　　129

ETF 看似简单但潜藏诸多复杂性　　　131

第 7 章　需融合哪些收益驱动因素？　135

所有跟踪既定资产的投资者对资产内在价值都有而且也应该有自己的看法。（橡树资本创始人 **霍华德·马克斯**）

模糊的正确胜过精确的错误　　　140

巴菲特持有苹果股票，因其认为价值被市场低估　　　142

股息投资策略有可能降低未来收益率　　　149

成功的投资取决于对不良债务进行有效重组　　　152

多重收益的驱动要素　　　155

第 8 章　谁在暗中侵蚀投资收益？　157

我们本应获得的收益，早已经被各种名目繁多的费用，吞噬掉近一半。（指数基金之父 **约翰·博格**）

详细解读 3 个方面的投资费用　　　160

弄清投资需要收取的费用以及潜在收益　　　　　163

聘请理财顾问就万事大吉了吗?　　　　　　　　164

最大限度减少税收成本的策略　　　　　　　　　165

投资组合的再平衡　　　　　　　　　　　　　　168

通货膨胀:隐形杀手　　　　　　　　　　　　　170

有效的成本管理　　　　　　　　　　　　　　　172

第 9 章　如何构建适配的投资组合?　　　175

如果我们认为投资的多元化是投资过程的一个合理原则,我们必须舍弃仅仅使预期收益最大化目标。(诺贝尔经济学奖得主 **哈里·马科维茨**)

"最优"投资组合　　　　　　　　　　　　　　　177

资产花园模式:让资产组合具有更多收益驱动因素　　184

应配置 10%～20% 的国际股票和债券　　　　　　197

市值加权策略与非市值加权策略　　　　　　　　200

资产配置:运用经验法则但不存在正确答案　　　202

在不同经济形势下有过良好表现的资产构建组合　203

第 10 章　你的行动策略是什么?　　　207

10 个底层认知框架不仅可以帮助我们投资,也可以帮我们做出任何

正确的决定。(500 强企业决策顾问 **安妮·杜克**)

平均成本法：心理收益往往胜过一次性投入　　　　　　211

仓位大小，取决于信心、可靠性及可能损失　　　　　　212

以渐进的方式调整资产配置：明显有效　　　　　　　　213

通过分析每月 PMI，预测经济是否存在衰退风险　　　　216

社会责任投资：企业的"薄价值"与"厚价值"　　　　　217

做坚持渐进式风格投资组合的管理者　　　　　　　　　220

参考资料　　　　　　　　　　　　　　　　　　　**223**

术　语　表　　　　　　　　　　　　　　　　　　**239**

致　　　谢　　　　　　　　　　　　　　　　　　**257**

后　　　记　深谙资产配置与风险管理的你，就是杰出的投资者 **259**

第 1 章

你了解你投资的东西吗?

MONEY FOR THE REST OF US

在投资之前,我们应设法以最简单的方式认识和解释一笔投资的特征。解释这个行为会让我们保持谦卑,提醒我们注意自己不了解的事情。因此,解答本书讨论的这10个问题,本身就构成一种能让我们在不确定性面前充满信心的投资哲学。

彼得·林奇

最伟大的基金经理之一

人们决定购买一只股票，但对此一无所知……那是赌博，绝不是好投资。

你还记得你的第一笔股票投资吗？在读研究生时，我购买了生平的第一只股票，也就是在那一年，我还拿到了工商管理硕士学位。我投资的这只股票是诺威尔网络公司（Novell）。每天放学后，我都会准时收看美国公共广播电视公司（PBS）的"晚间商业报道"，了解这只股票当天的行情。当时是 1991 年，也就是说，几年之后，我们才能通过互联网实时跟踪股票价格。

那时，我住在犹他州的普罗沃市，曾在诺威尔的当地子公司做临时工。我的工作是为诺威尔最先进的产品——网络操作系统（Netware）编写使用手册。

共同基金管理大师彼得·林奇的投资建议显然值得所有投资者洗耳恭听："投资你了解的东西。"[1] 我自认熟悉诺威尔，至少还算了解它。我毕竟曾在那儿工作过一段时间。

后来，林奇进一步澄清了这句话的意思："我从来没有说过这样的话：'如果到购物中心的星巴克喝杯咖啡，然后说这里的咖啡不错，你就应该打电话给富达经纪公司（Fidelity Brokerage），让他们帮你买进星巴克的股票……'人们购买一只股票，但对此一无所知……那是赌博，绝不是好投资。"[2]

我买进诺威尔股票的理由是：我认为这只股票会上涨，因为它通过计算机网络实现了某些功能。确切地说，我也说不清到底是怎么回事，只是意识到计算机正在越来越普及。我并没有认真研究这家公司，而且对这个行业或当时整体经济形势也一无所知。当然，我更加不知道这只股票的价格到底是高还是低。我只花了1 000美元，大约是我和妻子全部储蓄的25%。我之所以买进这只股票，是因为我认为它会上涨。简而言之，我做的事情是赌博。

买入诺威尔股票是我平生的第一次赌博——只因为我觉得它会继续上涨，而没有思考它为什么会上涨，这当然不是最后一次。显然，一只股票价格之所以上涨，是因为其他投资者愿意付出更高的价格。但他们为什么愿意支付更高的价格呢？

例如，露营世界（Camping World）是一家主营房车和户外露营装备的零售公司，2017年9月17日，公司股票单日上涨幅度超过7%。在美国股市大盘整体仅仅上涨0.3%的情况下，到底发生了什么变化，才能解释投资者为什么都愿意按7%的溢价购买露营世界的股票呢？

后来才知道，在接受美国消费者新闻与商业频道（CNBC）的采访时，露营世界首席执行官公开透露近期的收购战略。他在采访中还提到，他本人也在追加持有公司的股票。[3]因此，在这些言论传开之后，投资者无不认为，露营世界的股票价格被市场低估，合理的价格应高出7%。

按照金融学理论，股票的合理价格应该是公司以利润分配形式支付给股东（即股票的所有者）的未来现金流折算为今天的价值。分配给股东的这部分利润被称为股息。每只股票未来股息在今天所具有的价值被称为现值，或内在价值。股票的合理价格应等于全部股息现金流的现值。

我们还可以从另一个角度考虑现值：它是能让投资者不在乎眼下还是未来接受一笔现金的价值。我们将在第 4 章深入探讨现值问题。投资最大的挑战之一，就是没有人知道股票的合理价格到底是多少，因为根本就没人知道未来的股息会是多少。此外，有些股票当下根本就不支付股息，而且在未来很多年也不会支付股息。

赚到钱就能说明你的投资决策正确

于是，这就引申出我们在投资股票时需要掌握的一个基本原则：你之所以选择买进个股，而不是通过共同基金或交易型开放式指数基金购买一篮子股票，最主要的原因就是你认为这只股票当前的价格极低。我们很多时候购买某一只股票，不是因为我们认为这家公司将会快速增长，也不是因为它拥有优秀的产品，这也是我购进诺威尔股票时的心态。

我们购买一只股票，只是因为我们觉得其他投资者都是错误的，认为他们低估了公司未来的利润和股息增长，公司未来的每股股息现值将高于当前股价。为什么呢？因为只有公司的预期表现超过市场普遍预期，它的股价才会上涨。换句话说，公司会作出上佳表现。

如果我不愿花时间去研究一只股票，看看投资者是否对它进行了错误定价，那么，我很少会选择买进这只股票。但买入诺威尔的股票是幸运的，它确实升值了。大约在一年后，我卖掉了诺威尔的股票，为自己赚到了第一套房子的首付。

我对诺威尔股票的投资体现的是"如何不投资"原则。在考虑进行新投资时，如果先想想本书详述的这10个应该回答的问题，那么，我永远都不会选择诺威尔的股票，我甚至根本就不需要给自己提出这10个问题。

实际上，只需给自己提出第1个问题——"你了解你投资的东西吗?"，就会让我意识到，我根本就不知道自己在做什么。

在从事投资咨询的工作时，我最早的一家客户是印第安纳州的一所文理学院。在我们的会面中,这所学院的投资委员会主席对我说："如果我没法向未出席会议的其他董事会成员解释我们正在考虑的一笔投资，那么，我们就不应该做这笔投资。"这或许是我得到的最有价值的投资建议之一。

在投资诺威尔股票的时候，我根本不能解释这家公司的核心业务是什么，也不知道为什么认为当时这只股票股价过低。那时，稀里糊涂的我甚至也不太清楚我的钱到底花到了什么地方，更不知道是谁卖给我这只股票。

当我投资诺威尔的时候，我通过证券经纪人买进股票，经纪人帮助投资者在纳斯达克证券交易所开展交易提供便利。诺威尔当然拿不到我的这笔钱，拿走这笔钱的是卖给我股票的人，而股票则是在二级市场上进行交易。公司唯一能通过出售股票拿到钱的机会，就是在首次公开发行或二次发行过程中发行的新股。在公司发行新股并取得出售收入之后,这些股票便会在二级市场的投资者之间进行交易。

投资前,你是否拥有信息优势?

既然不是诺威尔把他们的股票卖给我,考虑投资的过程,我就应该坐下来认真想想,到底是谁在卖给我股票,他们为什么卖给我股票?在购买房屋或二手车的时候,我们经常会这么做。知道出售者为什么要出售房产或汽车,这本身就是一个重要信息,因为这有助于我们协商价格。如果知道卖方到底是非常急于脱手一件商品,还是对最终达成交易持模棱两可的态度,我们就相应改变策略,也就是说,在前一种情况下给出的报价可能会低于在后一种情况下的报价。

当然,购买股票时,我们和卖方通过某家证券公司进行交易,因此,我们永远也不知道到底是谁在向我们出售股票。但了解主导特定资产交易的实体属于什么类型,显然对决定我们是否参与,以及如何参与交易至关重要。

1952 年,也就是著名投资大师本杰明·格雷厄姆出版其经典巨作《聪明的投资者》(*The Intelligent Investor*)的 3 年后,家庭已成为 75% 股票的持有者。[4] 这意味着,当本杰明·格雷厄姆在 1952 年购买股票时,他对股票市场的理解已远超出售股票的家庭。这种信息优势让他有能力发现被市场低估的股票,从而收获丰厚的回报。

到 1991 年,也就是我购买诺威尔股票的时候,家庭直接持有的股票总额却只占整个市场的 42%。[5] 养老金计划、保险公司和共同基金成为股票市场上举足轻重的参与者。很多养老金计划和保险公司聘用外部基金经理，负责管理他们持有的投资组合。换句话说，市场上出现了一批专业的投资者，他们的任务就是花时间研究公司，并对股票进行估值。

在这种环境下，即使我进行了一些初步研究，但与卖方相比，在确定诺威尔的股票是否被低估时，我没有任何信息优势。现在，市场已发生变化，当你购买股票时，卖给你股票的更有可能是机构采用的计算机算法。

加密货币爆火又如何？不懂别碰！

在考虑一笔新投资时，我们首先应该问自己："你了解你投资的东西吗？"我们应该能以最简单的语言解释这笔钱的去向，谁在向我们出售股票，以及应如何使用这笔钱创造正收益。与我以前的客户类似，如果我们无法以家人或朋友能理解的方式向他人解释这笔投资，我们就不应该进行这笔投资。

2017 年，市场上出现一轮炒作加密货币的热潮。在全球各地，很多投资者第一次接触加密货币。我坚信，在面对"你了解你投资的东西吗？"这个问题时，大多数新买家都无法详细解释加密货币到底是什么，以及它是如何运行的。

我们在投资前之所以首先要回答"你了解你投资的东西吗？"，这背后的原因至关重要。仅仅是解释一笔投资这个简单的举动，就足以让我们保持谨慎，帮助我们想到自己尚不清楚的事情。认知科学家弗兰克·凯尔（Frank Keil）和莱昂·罗森布里特（Leon Rozenblit）对此进行了大量研究，他们要求受访者对拉链如何工作这样的简单问题进行解释。他们发现，在人们尝试用语言表达对某个主题的理解时，人们很快就会意识到，自己知道的信息其实很有限。

因此，解释这个行为会让他们保持谦逊和谨慎。[6] 但是，因为担心会错过像加密货币这样的投资热点，却往往让我们过度自信——我们盲目地认为自己无所不知，但实际上却知之甚少。如果冷静下来，尽可能深入详细地去想想"你了解你投资的东西吗？"，那么，我们就会看到自己理解上的不足，并努力去弥补这些不足。

"非线性复杂适应系统"

全球最大对冲基金公司桥水基金（Bridgewater Associates）创始人、全球顶级投资大师瑞·达利欧（Ray Dalio）说过："不管我曾取得过怎样的成功，究其根源，并不是我知道多少事情，而是知道在面对未知状况时该如何做。"[7] **在试图解释什么才是投资的时候，我们会发现很多关于投资的未知信息。** 投资之所以存在诸多未知因素，一个重要原因在于，金融市场是一个非线性的复杂适应系统（Complex Adaptive System）。下面，我不妨举例解释一下。

几年前，当我开车回爱达荷州东南部的家时，我意识到一场夏季雷暴雨即将来临。这场雷暴雨看似并不可怕，它只在你的头顶上形成几块积雨云，这种积雨云在那一年经常出现，有时带来一场雨，有时只是虚惊一场。但这一次，乌云几乎笼罩了我居住的小镇，而且在不到 1 小时的时间里，降雨量几乎达到当地全年总降雨量的 15%。随后，洪水泛滥，运河决堤。整个街道变成了河流，地下室完全被洪水淹没。

风暴的严重性完全出乎意料，甚至连气象局也没能提前作出准确预报。奇怪的是，这场暴雨的覆盖范围非常集中。在我家向北和向南几千米的地方，居然没有降下一滴雨。暴风雨就是一种典型的非线性系统，即使输入变量和条件完全相同，这个系统也不能每次都带来相同的结果。

非线性系统的另一个例子就是堆沙子。如果每次从沙堆上方扔下一粒沙子，那么最终就会形成一个看似相对稳定的圆锥形沙堆。但是在达到某个临界点的时候，继续扔下的一粒沙子就会让整个沙堆彻底崩塌。我们可能会认为，每次沙堆崩塌时，沙堆中的沙子数量应该是大致相同的，但事实并非如此。无论是包含几百粒沙子的沙堆，还是几千粒沙子的沙堆，都有可能发生崩塌。发生沙堆崩塌的时点并不是沙堆大小的函数，而是取决于沙粒之间动态的相互作用——沙粒之间的相互依存、相对移动和滑动。沙粒的数量越多，相互作用就越多、越复杂，预测沙堆何时崩塌的难度也越大。[8]

同沙堆和雷暴雨一样，金融市场也是一个非线性系统，而且它是一种特殊的非线性体系，被称为"复杂适应系统"。但不同于完全由沙粒构成的沙堆，金融市场这个复杂适应系统由无数相互关联的输入变量构成，这些输入变量会随着时间的推移而发生相互适应和相互学习。金融市场的个体参与者不计其数，既有人，也有计算机，每个参与者都试图对经济、政治、商业、技术和人性等大数据作出解释。

由于市场输入变量多种多样,而且随着时间的推移而相互适应,因此,它们之间的相互作用远比沙堆中沙粒之间的相互作用更复杂,在这种情况下,要预测何时将爆发下一次市场崩盘,几乎是不可能的——可能是今年,也可能是 5 年之后。

诚然,我们无法准确预测何时会发生大规模市场崩盘,但这并不意味着我们可以盲目投资。尽管天气预报不能准确预测暴风雨何时到来,导致我所在的小镇变成一片汪洋,但气象学家对大气环境已经有了足够多的认识,因而可以估算出当天出现暴雨的风险要高于平常。当暴风雨的概率明显增加时,他们会发出警告,让居民提前做好准备。换句话说,气象学家根据自己掌握的信息作出反应。

重要的不是预知未来,而是如何回应已知信息

如果在未曾了解投资对象的基本特征的前提下进行投资,那么,我们就像踏上了一条探索荒野的漫漫长路,对我们即将面对的各种气候、天气条件和地形等信息一无所知。这显然是盲目冲动之举。瑞·达利欧说,他的成功就在于知道在面对未知状况时该如何做。[9]但这并不意味着,他就不会花费大量时间去学习已知的知识。

达利欧说,他喜欢和持有不同观点的人待在一起,这样他就可以通过其他人的视角去认识可能被自己忽略的东西。他最喜欢的一句名言就是:"靠水晶球谋生的人最终只能吃到散落一地的碎玻璃。"然后,他又接着说,"我吃了足够多的碎玻璃后才明白,重要的并不是预知未来,而是要知道在每个时点上如何对已知信息作出合理回应。"[10]

准确预测未来当然是极其困难的。1900 年，约翰·埃尔弗里斯·沃特金斯（John Elfreth Watkins）在《女士家庭杂志》（*Ladies Home Journal*）上发表了一篇文章，题为《未来 100 年会发生什么？》。按照他的设想，到 2000 年，会出现像苹果一样大的草莓，和甜菜一样大的豌豆。在那个未来的世界里，蚊子、苍蝇和蟑螂已经灭绝，马也几乎灭绝；人们采用气动管道运送包裹；为了简化英文字母，C、X 和 Q 这 3 个字母从英文字母表中被剔除……[11]

尽管他的预测大多是错误的，但确实有一些是正确的。比如说，沃特金斯正确地预言无线电话和电视机。[12] 设想一下，假如我们生活在那个年代，应如何根据这些预测进行投资呢？即使你相信电视机是未来可能出现的事物，那么你会投资哪家公司呢？哪家电视制造商能生存下去？哪家电视公司的股票会因投资者低估未来股息而被市场低估呢？

如果我们能精确预见未来，投资自然就容易得多。但遗憾的是，我们不能预测未来。我们所设想的细节在很大程度上依赖于我们目前的观点、感觉和知识。归根结底，大多数预测都是在当前趋势基础上进行的推测。

实际上，我们是站在现有的立场上认识未来。预测所遗漏的是不可预测的事件——所有非预期事件和意外事件。但恰恰是这些事件，往往会对未来造成重大影响。它们是改变游戏规则的要素，扭转渐进式发展和当前发展的趋势。随着预测不断深入详尽，必然会有更多事件改变预测本身。这也是我很少投资个股的原因。我发现，在预测特定公司即将发生的事情时，总会发生一些我从未考虑过的事情。

还有一种更好的办法。作为个人投资者,如果我们对具体股票的当前价格是否合理没有特别想法,我们可以借助指数共同基金或 ETF 等混合金融产品(比如,持有由数百甚至数千只股票构成的指数基金)。这样,我们就可以因为有利的意外事件推动股价上涨而赚取利润,而不必预测这些意外事件到底是什么。

股票属于有价证券,作为一种可交易的金融产品,股票代表了投资者对企业的所有权。一篮子或一组具有类似特征的有价证券被称为一个资产类别(asset class)。作为个人投资者,如果投资资产类别而不是个别有价证券,我们更有可能取得成功。持有由专业投资顾问团队出资和管理的 ETF 或共同基金,我们就可以达到投资某个资产类别的目的。如何投资 ETF 和共同基金,分享市场收益,可参见指数基金之父约翰·博格(John Bogle)经典作品《投资稳赚》。

你这么聪明,为什么不富有呢?

拥有 50 多年投资经验的内德·戴维斯曾提到,他的市场预测始终非常准确,总能及时发现市场运行关键时刻,以至于《华尔街周报》(*Wall Street Week*)栏目主持人路易斯·鲁基瑟(Louis Rukeyser)曾在 1978 年说:"内德·戴维斯近几年的投资业绩一直令人赞叹……他基本把握住了市场的大多数反转点。"[13] 但在每每午底盘点投资时,内德·戴维斯却发现他并没有赚到很多钱。他写道:

> 在别人提出疑问之前,我首先会反问自己:"既然你这么

聪明,为什么不富有呢?"大约就在那个时候(1978—1980 年),我开始意识到,聪明、努力,甚至是对找到正确答案的渴望并不是我的问题,当然也不是我解决自身问题的答案。

相反,我真正的问题在于,不能及时止损、缺乏原则性和风险管理、任由情绪影响自己的市场观点(这会导致人们很难承认错误)以及不能有效控制恐惧和贪婪。因此,真正让我止步不前的并不是预测太差,而是缺乏适当的投资策略和良好的资金管理技巧。[14]

戴维斯在这里提到的投资策略和风险管理,与瑞·达利欧描述的过程完全是相同的,即:"充分把握每个时点上可获得的全部信息,并据此作出适当反应。"[15]

也就是说,必须充分把握当前信息优势进行投资。在投资新的类型前,解答本书提出的这些问题,即使要面对诸多未知因素,我们依旧可以获得采取适当行动所需的最有价值的信息。如果对即将要投资的对象信息完全不了解,那就不能算真正投资。

充分掌握当前信息优势再进行投资决策

在考虑一个投资机会时,我们就需要理解这个机会的量化分析和投资动机。

所谓的量化分析,是指驱动一笔特定投资收益的内在机制,比如:债券收益率如何追随当前市场利率而动;股利和公司利润增长如何影响股票的收益率；租金如何决定房地产的收益率。换句话说，在投资的量化分析过程中，我们需要了解特定证券或资产类别是如何创造现金流的。企业所有者和潜在收购者在评估企业的现金流创造能力时也需要进行这样的分析。

进行投资动机的分析，是理解投资者如何评估投资所带来的现金流。**如果投资者对投资现金流赋予较高的价值，进而高估证券价格，那么随后的收益率将会下降。如果投资者对投资心存疑虑，因而对预期现金流赋予较低的价值，那么后期收益率就会相应提高。**

为什么收益率会更高呢？

一方面，当某个资产类别的估值低于正常水平且投资者对投资持悲观态度时，篮子中的个别证券反倒更有可能出现非预期升值。此时，该资产类别包含未来出现有利结果的预期；

另一方面，如果构成资产类别的所有证券均被高估，那么，出现利空变化的概率自然会大大增加。

了解资产类别在既定时点的量化分析和投资动机，就像是深谙大气环境的气象学家：他们很清楚，对正处于夏季中的这个爱达荷州小镇，随时会出现雷暴雨的天气条件，只不过他们无从确切预测这场暴风雨究竟会落在何处。

了解资产类别的量化分析和投资动机，也就是我所说的投资条件，就是充分把握当前信息优势进行投资。当然，投资的一个关键要素就是要善于控制情绪。

我们要学会克制自己，避免陷入让其他投资者疯狂或恐慌的炒作和恐惧情绪中。

面对不确定也充满信心的投资框架

在首次接触新的投资机会时，我们往往需要先回答"你了解你投资的东西吗？"。为此，我们需要利用本书讨论的其他 9 个问题厘清这个问题。这些问题有助于我们确定具体投资机会的量化分析和投资动机。这样，我们就可以了解收益是如何产生的，投资者的情绪如何影响预期收益率，投资有什么风险，交易费用是多少，采用的金融产品是什么，税收影响如何，投资成功需要哪些条件。

此外，回答这些问题还可以让我们认识到自身的局限性。很多事情是我们不知道的，认识到这些不足会让我们不至于过度自信，进而不犯重大投资错误。这些问题共同构成了一套投资分析框架，让我们面对不确定性时充满信心。

◆ 在考虑一笔新投资时，我们首先应该问自己："你了解你投资的东西吗？"我们应该能以最简单的语言解释这笔钱的去向，谁在向我们出售股票，以及应如何利用这笔钱创造正收益。

◆ 如果我们对具体股票的股价是否合理没有特别想法，我们可以借助指数共同基金或ETF等混合金融产品（比如，持有由数百甚至数千只股票构成的指数基金）。

◆ 解释这个行为本身就会让我们保持谦卑，提醒我们哪些事情是自己不了解的，或是无法理解的。

◆ 如果我们无法以家人或朋友能理解的方式向他人解释这笔投资，我们就不应该进行这笔投资。

◆ 理解一笔投资的量化分析与投资动机可以让我们在避免犯错的同时，尽可能地在正确时间去做正确的事情。

◆ 量化分析的实质就是了解证券或资产类别创造现金流的方式；而投资动机分析则是理解投资者如何评估投资带来的现金流。

杰出投资者的

底层认知

MONEY FOR THE REST OF US

第2章

投资、投机还是赌博?

MONEY FOR THE REST OF US

在对金融投资进行分类时,我们需要考虑这笔操作实现赢利和亏损的概率,或者投资结果是否具有不确定性,从而简化整个投资类别。因此,当我们将大部分精力集中在预期收益为正的投资机会时,研究时间自然会大为缩减。

本杰明·格雷厄姆

证券分析之父

投资是以深入分析为基础，确保本金的安全，并获得适当的回报；不满足这些要求的就是投机。

　　几年前，我第一次游览美国科罗拉多大峡谷。我曾无数次乘飞机从大峡谷上方飞过，但却从未去大峡谷进行惊险艰辛的自驾游。这次，我和家人驱车来到大峡谷的南边。当时的天气非常寒冷，于是，我们也和大多数游客一样，挤进"沙漠景观瞭望塔"，这座瞭望塔由建筑师玛丽·科特尔（Mary Colter）设计，1932 年完工。

　　瞭望塔主楼内壁有几扇黑色镜子，四边用厚木框固定在窗框上，游客可以通过这些镜子把大峡谷尽收眼底。其中的一面镜子上注有"反射镜"字样的标记。人们也把这些镜子称为"克劳德镜"，这个名称取自 17 世纪画家克劳德·洛兰（Claude Lorrain）。

　　在"克劳德镜"里瞭望大峡谷，有几个地方的景色很特别。它为游客提供了一个极为壮观的视野，把大峡谷的无限宏伟凝聚为一幅风景画，镜框就是这幅作品的画框。画框的作用就是设置边界。当艺术家选择一个场景进行绘画，或摄影师用照相机拍摄照片时，他们实际上就是在使用边框形成一个构图。他们可以在 120 度外围视野中选择

21

10度左右的构图。当我们划分物质财富时，我们是在构图；当我们削减追求的活动数量时，我们是在构图；当我们把投资限制在我们可用简单术语解释的资产类别时，我们同样是在构图。

"克劳德镜"可以为整体景色设置一个界限框架，而使用黑色玻璃则起到烟熏滤镜的作用，让人眼能更好地识别不同颜色和亮度的差异，从而形成强烈的对比度和层次感。[1]使用"克劳德镜"，可以帮助艺术家对场景进行简化并形成一个完整构图，从而取得不同颜色和亮度的对比效果；而使用本书所介绍的"10个问题"，则有助于我们简化投资理念，让不同投资机会的比较更加直观易懂。

一个可帮助我们简化和比较投资机会的核心问题就是："投资、投机还是赌博？"我们可以把投资行为划分为3个类别：

投资：赢利可能性更大的机会；

投机：投资结果不确定的机会；

赌博：亏损可能性更大的机会。

在年纪很小的时候，我虽然不知道投资、投机和赌博到底是什么意思，但我当时参加过一个游戏，让我切身体会到了投资、投机和赌博之间的区别，至今印象深刻。

在辛辛那提市，我读小学的时候，天主教堂每年都会举办筹款节。父母会给我5美元用来购买门票，然后，我就可以凭着门票去感受各色摊位上的游戏。我最喜欢一个摊位上叫作"邮局"的游戏。我先递给服务员一张票，然后在一个大木箱上的10个小窗口中任选一个。

每个小窗口的后面都有一叠包起来的奖品。

玩法很简单：拿出一张票，选择一个窗口，领取奖品。但令人激动的是你完全不确定会拿到什么奖品。但对像我这样的5岁孩子来说，任何奖品都比支付的费用更宝贵。或者说，预期收益永远是正的。

什么是投资?

杰文斯全球投资公司（Jevons Global）创始人金斯利·琼斯（Kingsley Jones）博士对投资下了这样的定义：将赌注压在能以合理统计可信度实现正收益的项目上。[2] 这恰恰也解释了我玩"邮局"游戏的内涵。从统计上讲，这笔赌注一定会让我得到一笔收益，而且对我而言，这笔收益永远比我最初购买门票的成本更有价值。

当然，考虑到这是一种慈善活动，因此，就总体而言，奖品的价值总额可能低于投资者支付的总成本。但我用的钱是父母给的，因此没有成本，故这个游戏肯定能给我带来正收益。**真正的投资之所以会带来预期正收益，并不是因为投资者没有投资成本，而是因为资产本身的固有属性。**

譬如，股票、债券和房地产均属于资产，持有它们都具有正的预期收益。这个期望在统计上是可信的，因为这些投资通常会以股息、利息或租金的形式给投资者带来收益。如果一只股票不支付股息，那么该股票发行公司通常会把赚到的利润再投资回公司，这意味着，该公司终有一天会向投资者支付股息。这不是说，一笔投资都能带来正收益，但从长远看，人们可以合理地期望：这笔投资会带来正收益。

什么是投机?

在俄亥俄州的一个小镇，每年都会举办一场狂欢节。届时，旅游公司会搭建摩天轮、滑梯和各种各样的游戏摊位。很多游戏都是以投掷或射击等方式获得奖品。我通常不会玩这样的游戏，因为我不喜欢输。但在我大约10岁那年，狂欢节的一个摊位开设了套圈游戏，游戏的奖品之一是一副手铐。我确实很想得到那副手铐。

那年的狂欢节为期3天，是在我家附近的高中停车场举办。当时，我在脑子里整整斗争了3天，考虑是否应该冒险去争取这副手铐。我在摊位前一次又一次地经过，在心里盘算着套圈投掷区和那根挂手铐桩子之间的距离，想象着扔出套圈并获得奖品的情景。最终，在狂欢节的最后一天，我终于鼓足勇气，从存钱罐中取出几美元，准备到摊位上一试身手。

金斯利·琼斯博士将投机描述为一种"针对不确定性回报所进行的下注"，换言之，作为投机对象的金融产品，无法确定其价格将上涨还是下跌。[3] 套圈游戏并未受到操纵，这只是一个简单的技巧性游戏。狂欢节的套圈摊位还在正常经营，因为大多数人没有投掷成功的技巧。

在套圈游戏中，任何参与者都不确定自己最终会赢还是输。就我而言，事实就是最好的证据：我既没有这方面的天赋，也不够走运，我花光了钱，但却没有赢得手铐。

对投机而言，收益的不确定性当然是显而易见的，因为相应的资产通常不会带来任何利息、股息或租金等形式的收入。**投机的唯一获利方法，就是把资产出售给将来愿意支付更高价格的人。**因此，最大的未知数，就是投资者是否愿意在将来为资产支付更高价格。投机性资产的基本类别包括：艺术品和古董等收藏品、黄金和石油期货等大宗商品、美元等货币、加密货币等。

漫画书、郁金香和加密货币的故事

我的一位朋友曾考虑过是否购买一套《蝙蝠侠》漫画系列。它是一套二手书，尽管并非完整如新，但售价超过 5 万美元。这套漫画书的定价是否过高呢？答案不得而知。任何投机者都愿意而且敢于冒险并付出代价，投资漫画书和投资郁金香的逻辑并没有什么不同。

16 世纪末，随着各地旅行者从土耳其带回郁金香，郁金香也被首次引入荷兰。于是，郁金香的业余爱好者开始交易，互相销售郁金香球茎。到 17 世纪初期，越来越多的人被郁金香贸易所吸引，尤其是那些外形奇特的稀有球茎。[4]

1618 年，荷兰植物学家乔斯特·范·拉弗林根（Joost van Ravelingen）曾著书提到郁金香："在这个国家，人们最看好火焰状、翼状、有斑点、锯齿状、细纹状的品种，大多数人都喜欢杂色的品种；最有价值的品种并不是最漂亮或精美的郁金香，而是最稀有的的。"[5]

在整个 17 世纪二三十年代，郁金香球茎的价格都在上涨。尤其是在 17 世纪 30 年代中期，出现了大批伙伴企业和公司，他们通过拍卖和私下交易形式买卖郁金香球茎。到 1636 年夏天，郁金香球茎价格暴涨，并在 1637 年 2 月崩溃。安妮·戈德加（Anne Goldgar）在书中描述了这场郁金香投机狂潮："和随后几个世纪爆发的其他金融危机一样，我们可以把罪魁祸首轻而易举地归结于非理性，但它们在本质上并没有什么疯狂之处……对任何一种产品，总会有人愿意出更高价格。相反，价格的可持续性才是不可预测的；尽管价格迟早会发生崩盘，但我们未必能预见到。"[6]

当下市场热捧的加密货币，或许就是现代版的郁金香热。我认为这些市场热潮的部分始作俑者就是在投机。我曾认真研究过加密货币，也可以解释它是什么，以及它是如何运行的。我对这种投资的观点是：加密货币只是一种数字货币，参与者信任它的价值，而且希望拥有它，那么它的价格定律才能成立。一旦加密货币失宠，而且事实又证明，它没有任何价值，投资加密货币就会赔钱。

投机本身就意味着，资产价格的上涨还是下跌存在极大不确定性。即便是下跌 40% 也未必算得上探底。下跌代表了价格反弹之前遭遇的暂时性受挫，但对于投机性资产，我们完全无从知晓价格触底会反弹，还是会继续暴跌。也就是说，在投机中，由于没有相应的标准来确定价格是否被高估，因此，价格本身也就无所谓高或低。

投资之所以不同于投机，因为我们可以采用客观的衡量标准，确定被投资资产的价格是高于还是低于其历史平均水平。以股票为例，我们可以对比投资者为取得 1 美元收益所愿意支付的价格，也就是以市盈率（P/E）为参考。此外，投资者还可以将当前的股票市盈率与历史市盈率进行纵向比较，也可以和同行业其他公司的市盈率进行横向比较。这样，投资者就可以判断，这只股票目前的估值水平是高于还是低于历史平均水平或同行业平均水平。

但是对于投机，我们很难进行历史比较，因为我们没有可以作为比较价格所依据的收益或收入，因而也就无从判断一项资产当前价格是被高估还是低估。我们所能得到的只是历史价格,可能还有某些投机性资产(如大宗商品)的供求数据。

靠猜测油价上涨,能赚到钱吗?

在我的朋友当中,有些人是大型交易机构的专业大宗商品交易员。大宗商品属于硬资产,譬如农产品(如小麦和玉米)、金属(如铜和金)和能源(如石油和天然气)等。这些大宗商品交易员身处一个竞争异常激烈的领域,要实现赢利,他们不仅要面对其他交易员的挑战,还要和计算机算法展开胜算有限的竞争。

一位从事石油业务的交易员曾对我说:"如果没有客户流,任何人都没法交易石油。"他的意思是说,如果石油交易商无法得到石油生产、提炼、消费和储存数量的数据,也不知道投机者和对冲投资者购买石油期货的订单数据是多少,那么,要靠交易石油赚钱将是极其困难的。今天,即使具有这些知识的专业交易员,也越来越难以在石油期货中获利,毕竟,面对来自计算机算法的竞争,他们取得成功的概率可想而知。

按照美国商品期货交易委员会(CFTC)的定义,商品期货合约(commodity futures contract)是指"在未来某个日期买卖特定大宗商品的协议"。[7] 在期货市场上,很多参与者本身就是大宗商品的生产者——比如农民和矿工,他们试图借此规避因基础商品价格大幅波动而带来的资产损失。大宗商品期货市场的其他参与者还有依靠价格变化获利的投机者。这些投机者中就包括个人投资者,有时候,他们参与原油投资的原因仅仅是他们认为石油价格会上涨。但他们对这种判断往往没有任何依据。这或许只是他们的一种感觉：因为油价在下跌，所以马上即将反弹。他们在"抄底"。

投资石油就是一个典型例子，它告诉我们为什么要描述出一笔投资的基本特征。作为个人投资者，我们可以轻而易举地通过购买金币而对黄金进行投机，但是购买一桶原油后储存在地下室里，等待石油涨价而参与投机，显然没那么容易了。即便是交易型开放式指数基金之类的金融产品，也无法轻易地买卖原油。相反，它们的交易方式也只能是买卖原油期货合约。

在购买原油期货合约时，投资者相当于承诺在未来特定日期接收特定数量的原油交付。但是在现实中，投资者通常会在合同到期前退出交易，在这种情况下，他们自然无须真正进行交割；当然，少数原油期货合约会以现金结算。未来交付的原油价格通常不同于当前的价格，即现货价格交易。

比如说，今天在俄克拉何马州库欣市交付的每桶轻质原油现货价格为 60 美元；30 天后交货的每桶轻质原油期货的价格为 64 美元。如果投资者在 64 美元购买该期货合约，那么，只有 30 天后的轻质原油现货价格超过 64 美元，这笔期货交易才能给他们带来利润。即使现货价格升至每桶 63 美元，但只要低于这个执行价格（64 美元），投资者仍会亏损。

相反，在到期现货价格高于签订期货合约时的预期价格时，期货合约的投资者就会赢利，而当现货价格低于预期价格时，期货合约的投资者就会亏损。换句话说，只有在合同到期时的现货价格高于投资者在签署合约时的期望价格，投资者才会选择进行原油期货的投资。

因此，当投资者在原油上进行投机时，他们不仅认为油价会上涨，而且推测，价格的上涨幅度将超过其他投机者的未来预期价格。

这听起来有点令人困惑吧？但参与原油投机就是如此。原油期货确实很清晰地说明，为什么了解投资对象是我们成功进行投资的前提。只是猜测一种资产的价格会上涨，这绝对是我们进行长期投资决策最不可靠的依据。遗憾的是，猜测往往是在感觉基础上进行的。我当然知道这个行为逻辑，因为我自己就这样做过。

投机，资金配置不应超过 10%

在做投资顾问的时候，我曾访问过一家位于康涅狄格州中的大宗商品对冲基金公司。这家基金的交易大厅被划分为两部分：负责创建、测试和执行算法进行交易的计算专家坐在交易大厅一边，这里的办公台整齐而有序；接受客户全权委托的交易员坐在交易大厅另一侧，他们根据自己的知识和判断进行交易。

交易员似乎比较悠闲，办公桌杂乱无章，他们很多人的办公桌上或桌旁甚至摆着吉他和其他减压器。他们是出色的交易员，这也是他们为什么有能力在对冲基金工作的原因。看到这些人后，我觉得，如果从事这项工作的话，我或许也能成为一名出色交易员。

几年后，在退出投资业务之后，我也尝试过做交易员。为此，我申请了一个交易账户，开始交易原油期货、贵金属、利率期货和货币。我没有客户流信息，完全按照价格趋势和经济数据形成的直觉进行交易。尽管我在几笔交易上赢利了，但大多数交易是亏损的。此外，我还发现，每小时、每天的相关价格波动都会让我坐立不安。6 个月后，我结束了这份职业，但还是没能做到全身而退，因为在金盆洗手之前，我忘记平仓一个白银期货头寸，这笔交易让我损失了 2 万美元。等到我意识到错误并采取措施退出交易之前，白银价格早已开始下跌。

在短暂的交易员职业生涯中，我发现自己不具备任何持续赢利的竞争优势。我只是在猜测，而这往往是投机的本质：买进某种东西，然后一厢情愿地希望它上涨。当然，我知道这是一次试验，所以，我只投入了很少的资金。但遗憾的是，我接触的很多人，由于过分相信自己的预测能力，在大宗商品投机中冒更大的风险，但他们和我一样得到了相同的教训。最终，投机只会让我们蒙受巨大的损失。

投机本身没有错，但因为投机性资产不产生利润，因而无法确定投机性资产的合理价格是多少，因此，在投资组合中，配置给投机项目的资金不应超过总资产的 10%。我们应该把绝大部分投资组合和研究时间用于预期收益率为正的投资项目。也正是出于这个原因，本书的大部分内容在于投资，而不是投机。

若不能合理预测正收益率，就果断放弃

我们的教区节（parish festival）还会举办一场"六大"游戏——我只参加过一次。这种被称为"六大"的游戏其实就是猜概率。在游戏中，参加者首先对某个特定的数字下注；参加者全部下注后，服务员会转动一个带有金属销的木轮，销子撞到橡胶指针时会发出一声巨大的咔嚓声，声音在教堂的整个大厅内回荡。最终，木轮将慢慢地停

下来，如果橡胶指针恰好停在你选的数字上，你就赢了。我不记得圆盘上到底有多少个数字，但却记得那个让我难受的咔嚓声和每次失败时那种难以忍受的失落感。

从 2007 年 1 月至 2010 年 12 月，内华达大学拉斯维加斯分校（UNLV）游戏研究中心在大西洋城的一家赌场对简单"六大"游戏的结果进行试验。这次试验设定游戏的赔率高达 45∶1，也就是说，如果猜对的话，玩家可以用 1 美元赢到 45 美元的奖金。在为期 4 年的试验中，"六大"游戏平均每月的猜中比例为 42.25%。换句话说，在近 60% 的游戏中玩家会输掉。这些试验最终促使 UNLV 游戏研究中心得出结论："六大"游戏是赌徒在赌场上表现最糟糕的游戏之一，因而"这是一种应尽量不参与的游戏"。[8]

按照金斯利·琼斯博士的定义，赌博就是"一种能以合理统计可靠性认为预期收益率为负数的行为"。只要参与赌博的时间足够长，你就很有可能会输钱，并最终损失全部资金。对此，琼斯写道："如果不能合理预测金融产品会带来正收益率，就应该痛痛快快地放弃，以免损失钱财。"[9]

二元期权，类似投资的赌博

二元期权（binary option）是一种类似赌博的金融产品，它与赌博的差异也只体现于合同结构。二元期权是一种有价证券，投资者在支付前端费用（保证金）后，可对期权合约对应的基础资产会增值或减值进行押注。在合约到期时，如基础资产的收盘价按投资者预期上涨或下跌至约定的目标价格，投资者可获得合约规定的全部收益。如果基础资产价格未能达到目标价格，投资者将损失全部已支付的保证金（之所以称为二元期权，因为投资者最终要么取得全部收益，要么一无所获）。

二元期权的期限可以是几分钟、几小时、一天或是几周。[10]专门从事二元期权交易的北美衍生品交易所（Nadex）是这样介绍这种期权的："你只需要一点点保证金即可获得最大收益。"[11]但它并没有提到，你只需要稍犯错误，就会损失全部保证金。

实际上，Nadex 只是一个交易所：因为只要一笔交易有赚钱的一方，就会有输钱的一方。因此，在交易所交易二元期权更像是一种赌博。但有些二元期权交易并不通过交易所。交易者与构建期货合约的发行方直接交易，投入一定的本金作为赌注，并以参与者投入的资金支付赢家收益。这显然是一种赌博行为：如果交易者的预期收益为正，那么，期货发行方的预期收益将为负。

按这个逻辑，期货发行者最终将破产，这就像老虎机一样，如果给玩家的回报超过收入，赌场必然破产。因此，清楚我们在和谁做交易以及金融产品是如何构建的，是决定我们投资、投机或赌博的关键。

在分析投资、投机和赌博时，我们强调的是基础资产的特征，但我们有责任确定投资组合中的资产到底是投资还是赌博。如果在投资时不去分析这一点，对大多数投资者具有正预期收益的资产，对我们而言或许是负的预期收益。也就是说，与其说这是一笔投资，还不如说是在赌博。因此，把解答投资机会的这些特定问题作为投资的基本原则，会有助于确保我们不会因缺少足够知识而去赌博。

◆ "克劳德镜"可以帮助艺术家简化和构建画面的场景，同样，本书提出的这10个问题可以帮助我们简化投资环境，从而便于我们对不同的投资机会进行比较。

◆ 投资是指购买预期收益率为正的资产，这是因为投资会带来正现金流。常见投资类型包括股票、债券和房地产。

◆ 投机是购买结果高度不确定的资产，而且资产价格同时存在上涨或下跌的可能性。投机的例子包括艺术品和古董等收藏品、黄金和石油期货等大宗商品、美元等货币、加密货币等。

◆ 投资与投机的不同之处在于，投资通常会带来收入，而且可以通过市盈率之类的客观指标确定资产价值是高于还是低于历史平均水平。

◆ 配置于投机的资金不应超过全部投资组合总资产的10%。与此同时，我们应该把其他90%或更多的组合资金和研究时间用于预期收益率为正的投资项目上。

◆ 赌博是预期收益率为负的游戏，因此，只能把它作为一种消遣。

杰出投资者的

底层认知

MONEY FOR THE REST OF US

第3章

期望收益能实现多少?

MONEY FOR THE REST OF US

我们可以使用经验法则估算一笔投资的预期收
益率。这样,我们就可以比较不同的投资机会,并
确保我们的估算是合理的。

约翰·梅纳德·凯恩斯

宏观经济学之父

　　我们据以评估预期收益的知识基础极其脆弱……即使把时间缩短为5年以后，情况也是如此。

我的一位播客听众曾遇到过财务困难。尽管这次遭遇并不严重,但却让他在心理上感到筋疲力尽。他在一家刚刚完成首次公开发行股票的初创公司工作。

这意味着,公司首次向普通投资者出售股票,为公司创始人、出资者和正在进行的业务筹集资金。

这位听众在此次股票发行中获得了 150 万美元的收入,这显然是一笔不小的金额。他在邮件中写道:"我真不确定该如何应对这个情况。毕竟,我自小家里就不富裕,因此我觉得自己此时此刻算得上有钱人。但是我拥有的财富越多,我就越担心。"[1] 于是,他决定寻求理财师的帮助。

这位听众继续写道:"基本上,理财师在未来收入和住房等方面有很多不同建议,而我得出的主要结论是,只要能维持目前的开支水平,我很有可能在退休前实现财务自由,而且还能留下一笔相当可观的遗产。我认为,所有这一切都近乎完美。"

以历史收益率预测未来收益率，既天真又危险

这位听众给我寄了一份理财规划。这份规划长达 79 页，把他目前的状况与 5 种不同理财设想进行了对比，并配有大量图表。规划为他和妻子以及两个孩子描绘了一番令人向往的财务未来。根据这份规划，他得出的结论是：他可以在 41 岁时退休，并拥有净资产 180 万美元；如果他能实现规划提出的 7.6% 的预期年化收益率，他就可以拥有永远花不完的钱。

但这个收益率让我顿生疑虑。7.6% 的预期年化收益率似乎有点太高。我仔细研究了这份理财规划，并在第 70 页上找到针对资产类别收益率的假设。规划假设股票和债券的未来收益率继续维持以前的水平。在投资生涯的早期，我也曾按照历史收益率作为未来预期收益率的基础。但我后来才意识到，延续历史收益率的想法既天真，又危险。这就是我吸取教训的方式。

我曾在前文中提到过客户介绍的经验：在某位大学董事会成员未出席投资讨论会的情况下，如果他不能用易于理解的方式向这位董事会成员解释新的投资机会，那么，他就不应该做这笔投资。每个季度，我都会在印第安纳波利斯的一幢摩天大楼的 54 层参与这个投资委员会的讨论会。

在会议室里，整个城市的面貌乃至郊区麦田尽收眼底。站在会议室的窗户往外瞭望，我仿佛置身于世界之巅。但我也会想：我在这里做什么？我应该向这个委员会中的哪一位提出投资组合方面的建议呢？我往返会议的交通工具是一辆装有巨大黑色保险杠的白色丰田

"雄鹰"轿车。这辆车配有四轮手动变速箱,启动之后有一股塑料烧焦的味道;我甚至还加装了四套塑料轮毂盖,以防原配件掉落。我把这辆车停在了距会议地点几个街区的地方,这样,委员会的任何人都不会看到:他们聘请的投资顾问还买不起更好的车。

在 1998 年 1 月的委员会会议上,我向与会者介绍了大学董事会以前没有投资过的一种新资产。该资产类别属于非投资级债券,也就是所谓的高收益债券或垃圾债券。债券是由政府和公司发行的债务工具,用于为新项目或正在进行的业务筹集资金。

这些实体向投资者支付债务利息,并在债券到期时归还本金。债券与银行存款证明(CD)的不同之处在于,在到期之前,债券比CD 更易于出售,而且债券价格会随着利率的变化而波动。

委员会成员已通过现有债券管理机构熟悉了债券投资的情况,但高收益债券对他们来说显然属于新事物。高收益债券是由风险相对较高的公司发行,这些公司负债金额较大,因此,支付利息后的剩余现金流较少。

大多数债券需要由债券评级机构根据发行人违约的可能性(即不能按时付利息或本金)进行评级。投资级债券的安全性最高,违约风险最低。非投资级债券(即高收益债券)的违约风险相对较高,但它们会支付较高的利率,因此,只要高收益债券的发行人不违约,它们就可以为投资者带来更多的收益。

我对非投资级债券也不是特别熟悉,实际上,我对这个领域的了解大多来自高收益债券经理,他们非常愿意向我介绍这种资产的美好前景,但也强调了他们在选择债券方面的专业能力。

我在这方面还算有天赋，为投资委员会的成员提供了一次高收益债券培训，并在"我是否能向其他人解释清楚"这个问题上得到委员会主席的首肯。最终，委员会成员决定将投资组合的 5% 配置给高收益债券。在随后的季度会议上，委员会选聘了一位高收益债券经理负责打理这笔投资。

回到我所在的投资咨询公司后，公司创始人弗雷德（Fred）问起与客户沟通的情况，我对自己向这家客户提供建议的能力感到自信满满。我不无自豪地告诉他，那个董事会刚刚投资了高收益债券。

"你为什么要推荐这东西呢？"弗雷德问。

他的批评语气让我感到惊讶不已。于是，我拿出让所有优秀咨询师屡试不爽的原因——多元化，来证明这个投资决策的合理性。**如果投资组合是一锅汤，那么，多元化就意味着添加更多调料，让这份汤的味道更美妙。**但更有说服力的答案是，对投资组合而言，增加新的投资元素要么会提高投资组合的预期收益率，要么会降低组合的预期波动。

我们将在第 9 章中进一步探讨投资的多元化问题，但是在这里，我只知道，在这个董事会的投资组合的汤中添加一点高收益债券的香料成分，是让这份汤更加可口的明智举动。

但弗雷德提出了很多理由，说明现在是投资高收益债券的糟糕时机。大量投资者资金源源不断地涌入这个领域，压低了整体收益率，进而降低了预期收益率。此外，发行大批这种债券为不断扩展的互联网建立通信基础设施，这就有可能导致产能过剩以及提高未来债券违约率，从而降低整体收益率水平。

弗雷德提出的全部理由都是有前瞻性的,而我向客户推荐高收益债券的理由则是全部以历史表现为基础。在过去 5 年里,高收益债券的优异表现令人瞠目结舌,而且我认为这种趋势还会延续下去。

事实证明,弗雷德是对的。在随后一年左右,尽管高收益债券经理的表现相当不错,但是在通信行业债务总量明显过度时,高收益债券的违约率开始上升。这次投资收益严重逊色于该董事会更为保守的债券经理。

在这笔不合时宜的高收益债券投资存续期间,我每个季度都要不厌其烦地向委员会成员解释高收益债券为何近期表现不佳。我为此而深感郁闷,以至于推荐这笔糟糕投资的感觉让我终生难忘。尽管最终投资没有发生亏损,但确实拖累了这个董事会的整体收益率,落后于更保守的债券经理。

不必懂投资所有知识,但掌握如何作出有效决策

我之所以会在这家客户身上犯错误,就是因为我过于相信高收益债券的历史表现。但我忽略了决定历史收益率的基本驱动因素以及当下开始投资时的具体条件,毕竟,要重现历史收益率是需要条件的。

此时,你可能对自己说:"我没有时间或能力为预测未来收益率而去研究债券或股票。"但事实证明,这件事并不像你想象的那么难。我们并不需要了解并熟悉投资的所有知识。实际上,我们只需掌握能做出有效决策的知识即可。

在这里,我不妨举例解释一下这个问题。

几年前,我和妻子拉普里尔在墨西哥南部待了一段时间。在那里,

我们租了一辆期限为一个月的汽车。这笔租金使我想起了我参加投资会议时驾驶的那辆有气无力的丰田"雄鹰"轿车，为了保住面子，当时我不得不把汽车停到客户看不到的角落。

此时，我租用的是一辆 1.6 升发动机和 101 马力的大众汽车，这辆车是在巴西制造的。这辆汽车采用四轮手动变速箱，新车的价格为 9 200 美元。我当然知道这个，因为在协商租赁合同时，由于我已通过自己的美国运通卡（American Express）购买了保险，因而我没有选择租车保险，而这个 9 200 美元就是这家公司从我的运通卡中扣去的押金。

行程开始几周后，我们去位于坎佩切州的坎佩切市游玩，驶进山脚下的一条街道，这条街肯定算得上北美最陡的街道之一。我犹豫了一下，但最终还是决定开车上山。大约走到山坡的一半，我切换到第二挡。但这是一个错误——5 秒钟之后，坡度变得越来越陡，汽车便无法按二挡继续爬升。我还没来得及切换回一挡，这辆大众汽车就停了下来。

我坐在驾驶座椅上，双脚踩在制动器和离合器上，后背紧紧压在靠背上，有一种仰面朝天的感觉。此时，我想到两件事：第一件事就是在犹他州摩押拍摄的一段视频，一辆失控的吉普车，在陡峭的斜坡上快速倒车，最终翻车；我想到的第二件事则是我为这辆车缴纳的 9 200 美元押金。

哈佛大学物理学家丽莎·兰德尔（Lisa Randall）写道："我们的一切行为皆出自有效理论。我们会先入为主地去寻找与我们所见、所接触以及所衡量之物相匹配的描述。如果在现实中找不到任何一种能区分描述的效应,那么,以所谓的基本描述解释我们所见的说法自然毫无意义。"[2] 对此,她指出,牛顿定律就很好地解释了一座桥梁为什么不会塌陷,或如何向太空发射卫星。

现在以我经历的这件事为例:当我的大众汽车在山坡上熄火时,如果我在松开制动器的时候没能迅速接入离合器,会发生什么呢?但兰德尔认为:牛顿定律只是一种近似的描述,它只适用于速度相对较低、质量相对较大的物体。[3] 量子力学和相对论是比牛顿定律更深层的理论。

当然,对我来说,要摆脱眼前困境并不需要我了解量子力学,但我确实需要知道重力的概念。

我的大脑快速运转:如果不顾一切地向上冲但却未能及时挂挡,我就有可能因为车祸而人财俱损,要避免这些损失,我就得放开制动,让汽车顺势滑下山坡。

我们以有效理论对待生活的方方面面。我们所面对的信息量太大,以至于我们根本就不可能了解任何问题的所有细节。兰德尔写道:"我们使用的地图都会使用一定的比例尺。在高速公路上行驶时,我们没必要了解周围的每一条街道。"[4] 我们采取的一种方法是经验法则。

经验法则:应用有效理论解决具体问题的捷径

经验法则是指我们从基本原理得到并用于指导实践的简单模式,是应用有效理论解决具体问题的捷径。

比如说,如果你经常外出旅行,你很快就会意识到,在不同地方需要解决的一个小麻烦，就是要弄清楚各种淋浴的操作方法。水龙头的操作方法之多令人目不暇接，但操作淋浴的经验法则是相同的：

1. 打开水龙头。
2. 调节水温。
3. 启动淋浴装置。

因此，要正常淋浴，我们无须成为对水龙头工作原理无所不知的水暖专家，我们只需运用经验法则即可。尽管我们每次遇到的淋浴装置可能略有不同，但有效淋浴的基本原理是不变的：打开水龙头，调节水温，然后启动淋浴装置将水引导至淋浴喷头。

同样，我们利用某些基本原则确定资产（如股票、债券和房地产）的长期收益率，它们就是估算未来收益率的经验法则。3 个决定资产收益率的要素是：

1. 现金流：指分配给资产所有者的利息、股息或租金的收入。在估算收益率时，收益以收入占资产市值的百分比表示（如股息收益率或债券收益率）。

2. 现金流增长率：收入流或现金流随时间增长的速度，通常表示为每股股息或每股收益的年增长率。

3. 估值变动：指投资者现在愿意为取得未来收入流而支付的费用。这通常表示为估值指标相对于收入或收益变化（如股票的市盈率或市净率）而造成的资产年变化率。[5]

在这些经验法则中,前两个驱动因素反映了现金流如何创造及增长的量化特征。对债券而言,收益主要取决于投资时的现行利率。大多数债券支付的利息在各付息期保持不变,因此,各期现金流不存在增长。但浮动利率债券例外:利息现金流可能会随着利率的变化而在各期之间有所不同。

第三个驱动因素反映的是投资者愿意为取得现金流而支付成本的投资动机。对投资公司债券而言,这个投资动机体现为投资者在无风险美国国债收益率之上要求取得的利息收益率或利差范围,以补偿投资者所承担的潜在违约风险。

在 20 世纪 90 年代的美国经济衰退期,由于高收益债券的违约风险激增,因此,投资者要求获得的收益率溢价也相应大增。[6]投资者普遍担忧,使得高收益债券的收益率高出十年期美国国债利率 12%。8 年后,当我向前面提到的大学董事会推荐非投资级债券时,高收益债券与十年期美国国债之间的利差已降至不足 3%。

由于高收益债券共同基金的收益率持续走强,引来投资者的疯狂追捧,大量资金涌入这个领域导致利差不断收缩。到 2000 年 12 月,也就是在这个大学董事会不再投资非投资级债券近三年之后,非投资级债券的收益率利差回升到 9%,债券价值会随着收益率上升和违约率增加而下降。

在提出投资建议时,我原木应该更好地了解债券投资市场的情绪特征。在利差放宽且投资者普遍感到恐惧时,最好应投资高收益债券。譬如,在 2000 年 12 月,高收益债券的利差为 9%,而不是我向董事会推荐时的 3%。即使违约现象在经济衰退期有所抬头,但只要收益率超过美国国债，就可以弥补违约带来的可能损失。

2008 年全球金融危机爆发时，我对债券投资的量化分析和投资动机已有了更好的认识。2009 年年初，高收益债券的收益率较十年期美国国债高出 17%。在这种环境下，意识到整个金融体系不会崩溃，我立即提高客户配置给高收益债券的资金比例，我在自己的投资组合中也增加了高收益债券。这一次，我的客户收获颇丰，他们的债券投资取得了两位数收益率。

运用有效的经验法则估算债券收益率

接下来关于债券的介绍或许略有难度，所以可能需要你反复阅读几次才能理解。但只要掌握这些债券基础知识，你就会发现，这个资产类别并没有那么晦涩，因为你将完整掌握有效的经验法则——债券投资理论。

要估算某个债券、债券共同基金或债券 ETF 的收益率，你最需要了解的信息就是债券或基金的到期收益率。这是对债券或基金内所持债券按持有至到期评估的年化收益率。到期日是指债券归还本金并停止支付利息的时间。某些情况下，投资者可能提前赎回债券，这就是债券赎回。

有一种额外的方法是采用所谓的"最差收益率"（yield to worst），是指债券或债券基金持有至到期或被赎回时的实际收益率，具体取决于出现哪种情况的可能性更高。

我不太确定为什么叫最差收益率，也许债券投资者不愿意持有的债券被提前赎回,因为这就需要他们寻找其他可投资的债券。

在美国,所有债券共同基金或 ETF 都需要在美国证券交易委员会(SEC)公布收益率,该指标实际上就是基金的最差收益率减去运营费用,包括共同基金或 ETF 收取的投资管理费。

假设,先锋全债券市场指数基金(Vanguard Total Bond Market Index Fund)在 SEC 发布的收益率为 3.0%。如投资者持有该债券基金至少 7 年,他们的年化收益率将接近 3.0%,但如果持有时间少于 7 年,那么,最终的年化收益率就有可能小于或大于这个数字,具体则取决于利率是上升还是下降。这就是债券的量化分析。我将在本章后续部分解释债券最短持有期 7 年是如何得出的。

当然,有些长篇大作会详细解释债券的量化分析及固定收益投资,比如弗兰克·法博齐(Frank J. Fabozzi)编写的《固定收益证券手册》(*The Handbook of Fixed Income Securities*)足足有 1 840 页。但作为普通投资者,我们不必成为债券专家,我们根本就不需掌握债券的量化机制。

相反,我们只需了解债券的基础知识,即让我们能有效投资的经验法则。投资债券基金和 ETF 的基本经验法则是,在持有期达到或超过 7 年时,未来收益率的最佳评估值就是当前在 SEC 公布的收益率、到期收益率或最差收益率。按照前述估算的资产类别收益率的经验法则,这些收益率指标也就是分配给资产所有者的现金流。

如前所述那位听众的理财规划中,2017 年 8 月,理财师完成财务分析时,估算美国债券的到期收益率为 2.2%。但那位听众仍认为,理财规划所涉及的债券年化收益率为 4.8%,因为这是过去 15 年的债券平均收益率。按照 2.2% 的初始收益率来计算,当持有期超过 7 年时,债券的年化收益率不可能达到 4.8%。

在估算债券的收益率时,理财师采用的 15 年持有期是从 2001 年 9 月 30 日到 2016 年 9 月 30 日。那么,2001 年 9 月的 10 年期美国国债收益率是多少呢? 4.6%。换句话说,正如我们所期望的那样,这份理财规划采用的债券历史年化收益率为 4.8%,非常接近于 2001 年 9 月的起始收益率。但这显然是不正确的,因为理财师采用的债券指数包括部分公司债券,我们都知道,它们的收益率要高于美国政府债券的收益率,以补偿投资者承担的潜在违约风险。

债券的价格和利率位于跷跷板两端

大学初级金融课留给我的记忆并不多,但我始终记得的一个情景,就是巴恩格罗弗教授经常会一边有节奏地鼓掌,一边不断重复这句话:"随着利率的上升,债券的价格会下降。"当然,他还会重复另一句话,"随着利率的下降,债券的价格会上升。"[7]

那么,利率上升时,债券价格为什么会下降;利率下降时,债券价格为什么会上升呢?不妨假设一个投资者,购买新发行的 30 年期美国国债,收益率为 3%,也就是该债券每年按 1 000 美元的面值支付 30 美元利息。面值为支付利息所依据的价格。如果利率上升到 4%,那么,购买这种新发行 30 年期债券的投资者,每年 1 000 美元面值将获得 40 美元的利息。

考虑到投资者现在可以购买支付 40 美元利息的新发行债券,而原有债券只需支付 30 美元利息,因此,原有债券的价格必须下降到让投资者投资于这两种债券可获得相同收益率的水平。换句话说，原有债券的价格必须降低到某个水平——在这个价格水平上，投资者持有相同面值新发行债券和原有旧债券得到的收益率是相同的。

债券的久期越长，其价格随利率变化的程度就越大

债券价格随利率波动的程度取决于债券的到期时间、债券的收益率及其他特征。债券久期（duration）通常用来衡量债券或债券投资组合价格对利率变动的敏感性。

债券久期的计算方法是：将债券或债券投资组合在未来以利息和本金形式取得的现金流按目前收益率折算为现值，并以每笔现金流的到期日为权重，由此得到的加权平均值即为久期。

债券的实际期限不等，从不到 1 个月到超过 30 年。债券或债券基金的期限越长，久期就越长。对于 30 年期的债券，投资者可以按利息形式在 30 年内取得现金流，而 5 年期债券的利息收益期仅为数年。因此，与 5 年期债券相比，30 年期债券取得现金流的持续时间或加权平均期限自然更长。债券或债券基金的久期越长，债券价格随利率变化的程度就越大。

更具体地说，当利率每上升或下降 1% 时，个别债券、债券基金或 ETF 价格下跌或上涨的幅度即为该债券的久期数值。比如说，假设投资者持有两只债券基金，它们的久期分别为 6 年和 2 年。如果利率提高 1%，那么，久期为 6 年的债券基金价格下跌约 6%，而久期为 2 年的债券基金价格将下跌 2% 左右。

我们在之前曾提到过，我们可以使用债券基金在 SEC 发布的收

益率估算 7 年或更长持有期内的年化收益率。但对于较短的持有期限
而言，并不适用。在较短持有期内，由于债券价格会随着利率的变化
而变化，因此，债券基金的久期将影响其收益。

但长期持有，在利率上升时，由于债券基金可以把收到的利息和
本金再投资于收益率较高的债券，因此，相应增加的利息收益会在一
定程度上抵消债券基金价格的下跌。

因此，在持有期达到 7 年的情况下，投资者完全可以认为，债券
基金或 ETF 目前在 SEC 发布的收益率就是未来年化收益率的合理估
值。因为债券基金或 ETF 有足够时间合理利用利息收入进行再投资，
从而抵消利率变动而带来的价格波动。

债券违约率对收益率的影响

对于债券的预期收益率分析，有一点必须引起重视。那就是分析
的一个基本假设，债券基金或 ETF 持有的债券不会发生违约。对大
多数以政府债券、住房抵押贷款支持债券和投资级公司债券为主的债
券基金而言，这确实是一个合理的假设。

但如果基金投资非投资级债券，那么，我们需要每年按预期违约
带来的损失相应调减 SEC 公布的收益率。

美国高收益债券的长期平均年违约率约为 4.2%。[8] 债券违约时，
投资者通常不会损失全部资金。通过与违约实体的谈判，债券投资者
一般会收回一部分资金。据统计，高收益债券违约后的平均回收率约
为 39%。[9] 投资者损失约 61% 的投资资金。因此，对高收益债券而言，
合理的假设应该是按 SEC 公布的年化收益率估值下调 2.6%。也就

是说，需要对 4.2% 的年度违约率进行回收率调整，即违约率 4.2% ×
损失率 61%=2.6%。

我们不妨假设，标准普尔存托凭证（SPDR）彭博巴克莱
（Bloomberg Barclays）高收益债券 ETF 的收益率为 6.0%。同时假
设十年期美国国债的收益率为 3.0%。从债券 ETF 的收益率 6.0% 中
减去十年期美国国债的收益率 3.0%，我们即可得到高收益债券利
差，由此得到不考虑违约的利率价差为 3.0%。将 6.0% 的收益率下
调 2.6%，以反映潜在违约带来的损失，可以计算出持有期 7 ~ 10 年
高收益债券的预期年化收益率为 3.4%。

与十年期国债收益率 3.0% 相比，这并不是很高。在这种情况下，
投资者对高收益债券的前景过于自信，因为投资者并没有对持有这种
债券要求更高的收益率或息差（仅 3%）。实际上，高收益债券的长
期平均增量收益率或息差仅高于十年期美国国债 5%。[10]

当息差小于这个数值时，投资者就会对非投资级债券表现出极大
热情，导致收益率进一步降低。当息差大于 5% 时，比如说全球金融
危机进入尾声的 2009 年，投资者可获得的息差达到甚至超过 15%，
即使考虑到居高不下的违约率，未来收益率也很可能高于平均水平。

什么决定债券真实收益率?

我们已经看到，持有债券基金 7 年或更长时间的最佳收益率估值
就是当期 SEC 发布的收益率、到期收益率或最差收益率。

对高收益债券，预期收益率至少应下调 2.6%，以反映潜在违约
带来的风险。这就是债券投资的基本量化分析。

但是，利率为什么在不同时期有高有低呢？在 20 世纪 70 年代的中后期，我的母亲成为一名房地产经纪人，当时美国 30 年期抵押贷款利率超过 9%。到 1981 年，在她结束自己不成功的房地产事业时，30 年期抵押贷款利率达到并超过 18% 的峰值。而在 31 年后的 2012 年，30 年期抵押贷款利率则降至 3.3%。

30 年期抵押贷款利率及其他利率在 1981 年的时候超过 18%，而到 2012 年时却跌至 3%，这是为什么呢？这可以从量化分析和投资动机方面作出解释。确定现行利率的基础是投资者的预期以及投资者对这种预期不确定性所需要的额外补偿是多少。债券的名义收益率（如十年期美国国债）可分解为投资者的预期通货膨胀率和实际收益率，即按通货膨胀率调整后的收益率。

通货膨胀率衡量的是价格随时间推移而发生的上涨。如果投资者认为预期通货膨胀率会上涨，利率就会相应提高。1981 年，投资者的通货膨胀率预期已达到异常的高水平。

比较政府债券与通货膨胀保值债券（TIPS）的收益率，我们可以得到投资者的预期通货膨胀率。例如，十年期美国国债的收益率为 3%，十年期 TIPS 的收益率为 1%，那么市场的预期通货膨胀率为 2%，即十年期美国国债的收益率与十年期 TIPS 的收益率之差。TIPS 的收益率也被称为真实收益率。

那么，到底是什么决定债券真实收益率呢？同样，它基于投资者的预期。具体而言，取决于投资者对未来真实利率的预期及其要求的额外溢价补偿。期限溢价（term premium）代表了投资者对未来通货膨胀率或真实利率是否存在高于预期的不确定性所要求的额外收益。

如果投资者担心未来利率的变动趋势高于通货膨胀预期,那么期限溢价将会相应提高。

在 20 世纪 80 年代初,美国经济处于高通货膨胀和高风险时期,期限溢价超过 3%,并最终导致十年期美国国债的收益率超过 10%。

在其他时候,如果投资者对未来利率走势及通货膨胀水平持乐观态度,他们所要求的期限溢价也会相应下降,类似于 2012 年利率超低时期的情形。

判断投资债券的时机

在比较各种债券投资的机会时,我们需要了解的是:

1. SEC 公布的收益率、到期收益率或最差收益率;

2. 债券久期;

3. 平均信用水平。

我们在基金网站、ETF 产品网站、晨星公司(Morningstar)网站或证券公司网站上找到 SEC 公布的收益率、到期收益率或最差收益率。这些债券收益率也是对 7 ~ 10 年持有期预期收益率的评估。

债券久期体现的是投资机会在中短期内对利率波动的敏感程度。久期越长,价格在利率上升时的下降幅度就越大。

平均信用水平可以让我们了解投资高风险非投资级债券而带来的收益率。评级为 AAA、AA、A 或 BBB 的基金及债券被视为投资级,相应具有较低的违约风险。而评级为 BB、B 及 C 的基金及债券则属于非投资级，违约风险也相对较高。

需要提醒的是，这些信用水平均为标准普尔（Standard & Poor's）对债券给出的评级。穆迪（Moody's）等其他机构也会对债券给出类似的信用等级，只不过采用的具体名称略有不同。

期限较长（久期更长）的债券通常具有较高的收益率，因此，作为投资者，我们需要确定，这些对利率更敏感的债券工具所带来的潜在不确定性，能否通过额外取得的收益率得到补偿。

譬如，对于预期收益率为 2.0%、久期为 0.6 年的超短期债券基金和预期收益率为 3.5%、久期为 6 年的中期债券基金，我们可以基于这两种债券的投资差异进行评估。为了得到这 1.5% 的补偿收益率，去面对久期高 10 倍的基金所带来的波动性，是否值得呢？除非你认为利率会下降，从而为长期债券基金价格提供更大的升值空间，否则，可能不值得冒这样的风险（见表 3.1）。

表 3.1 债券收益率示例

债券类型	预期收益率	久期	按预期违约调整的收益率	超过 2% 的通货膨胀率
超短期债券 ETF	2.0%	0.6 年	—	0
中期债券 ETF	3.5%	6.0 年	—	1.5%
高收益债券 ETF	6.0%	4.0 年	3.4%	1.4%

另外，按照这个水平的名义收益率，表 3.1 前两个基金几乎都无

法跟上 2% 的预期通货膨胀率,即正常政府债券收益率减去 TIPS 收益率的差额,即为通胀预期。低收益率意味着,投资者十分相信,未来利率将继续维持较低水平,且通货膨胀率不会超过 2%,因此,他们愿意以非常低的溢价承担这种风险。

按照这些低收益率,我们可对以高收益债券基金或 ETF 为替代品的投资方案进行评估。同样,我们首先看看 SEC 发布的基金收益率。在本示例中,我们假设 SEC 发布的收益率为 6.0%,并针对潜在违约风险将其下调 2.6%,从而得到 7 ~ 10 年的预期收益率为 3.4%。基金的久期为 4 年。

这笔投资是否划得来呢?如果我们假设十年期美国国债收益率为 3%,显然划不来。因为这意味着,高收益债券超过十年期美国国债收益率(未考虑潜在违约)的增量收益率或利差仅为 3.0%,而历史上的债券平均收益率就已经达到 5%。

按照理财规划师的假设,我这位听众将总资金的 20% 配置给债券,因此,如果我们将债券的预期收益率从 4.8% 降低至 2.2%(制定规划时的债券收益率),那么投资组合的总预期收益率将从 7.6% 减少为 6.9%。尽管这是一个更为合理的收益预期,但它仍存在缺陷,因为理财规划师以股票的历史收益率来评估未来收益率。他在规划中采用的平均股票收益率假设为 9.8%。

这个接近 10% 的股票收益率是合理的假设吗?要回答这个问题,我们首先要运用现金流、现金流增长率以及现金流倍数变化的经验法则,确定股票的上涨幅度或预期收益率。

评估股票预期收益率的 3 种业绩驱动因素

我们不妨看看构成我们经验法则的 3 个收益率驱动因素，分析它们是如何影响股票的历史收益率的。从 1871 年 1 月到 2017 年 7 月，美国股票的年化收益率为 8.9%。这个 8.9% 的收益率可以分解为 3 个部分，或者说体现为 3 种业绩驱动因素。

其中最大的一部分 4.5% 来自股息收益率，股息收益率是指公司在较长时期内向股东支付的现金流或应分配的利润。这也是收益的第一个驱动因素。

第二大部分为 3.6%，来自每股股息的增长，它反映的是收入流或股息在较长时期内的增长方式。这是推动现金流增长的第二个收益驱动因素。只有在公司收益不断增长的前提下，公司才能支付股息。

最小的一部分为 0.8%，来自市盈率的提高，该比率表示投资者愿意为取得 1 美元收益支付多少价格。它是影响估值变化的第三个收益驱动因素。由于股利是从公司收益中支付的，因此，股票市盈率的提高，也意味着投资者愿意为获得股利收入支付更高的价钱。

1871 年，美国股票的平均市盈率为 10，这就是说，投资者为取得 1 美元收益所愿意支付的价格为 10 美元。到 2017 年 7 月，股票的平均市盈率上涨到 23。投资者为获得 1 美元收益所愿意付出的成本也更多，这表明股票出现了增值。如果投资者在 2017 年只愿意支付与 1871 年一样多的成本，那么，从 1871 年到 2017 年，美国股票的年化收益率约为 8%，而不是由股息和收益率构成的 8.9%。[11]

股利和收益增长反映了股票投资的量化分析，而估值变化反映的则是市场投资动机。有时候，投资者会对未来持乐观态度，并愿意为股票支付更高的价格。

换一种场合，他们可能会感到悲观和恐惧，而且只愿意付出更少的成本。将股票历史业绩划分为 3 个收益驱动因素只是一个近似方法，但足以通过它们之间的关系对大部分历史业绩给出解释。因此，我们也可以使用这些收益驱动因素去评估股票的未来收益率。

深入分析一只股票

要理解量化分析，我们不妨研究一只具体股票。假设一只股票的价格为每股 40.00 美元，每股收益为 4.00 美元。该股票的市盈率为 10 倍，即 40.00 美元的价格除以 4.00 美元的收益。此外，我们还假设这家公司将收益的 25% 用于支付股息，因此，最初的年度股息收益为 1.00 美元（即每股收益 4.00 美元 × 收益分配率 25%= 每股股息 1.00 美元）。25% 的分配率被称为股息派发率。最后，股息收益率是指实际支付的股息除以每股价格，因此，初始的股息收益率为 2.5%（即每股股息 1.00 美元除以每股价格 40.00 美元 = 股息收益率 2.5%）。

如果我们假设每股收益每年增长 10%，市盈率始终 10 倍，那么，该股票未来收益率的合理估算就应该是前两个收益驱动因素之和：股息收益率 2.5%+ 每股收益增长率 10%= 年化收益率 12.5%。

如果每股收益率确实维持 10% 的年增长率，在 3 年之后，每股收益将从 4.00 美元增长至 5.32 美元。如果市盈率仍为 10 倍，股价将升至 53.2 美元（即每股收益 5.32 美元的 10 倍）。

该公司每年以股息形式分配 25% 的收益，这意味着，股息每年增加 10%，因此，第三年的股息支付额为 1.33 美元。

因此，考虑到股票价格从 40.00 美元升至 53.2 美元以及实际收到的股息，股票在 3 年内的年化收益率为 12.8%。这非常接近于之前 12.5% 的收益率估算值，这个估算值等于 2.5% 的初始股息收益率与 10% 的每股预期收益增长率之和。两个收益率之间存在细微差异的原因，可解释为支付股息的时点不同（见表 3.2）。

表 3.2 10 倍市盈率

名目	开始	第 1 年	第 2 年	第 3 年
价格（市盈率 × 每股收益）	$40.00	$44.00	$48.40	$53.2
每股收益	$4.00	$4.40	$4.84	$5.32
收益增长率	10.00%	10.00%	10.00%	10.00%
市盈率	10	10	10	10
股息（股息分配率 × 每股收益）	$1.00	$1.10	$1.21	$1.33
股利收益率（股息 / 每股收益）	25.00%	25.00%	25.00%	25.00%
股息收益率（股息 / 价格）	2.50%	2.50%	2.50%	2.50%
收益增长率 + 股息收益率	12.50%	12.50%	12.50%	12.50%
年化收益率 {[（当年收盘价格 + 股息）/ 当年开盘价格]-1}		12.75%	12.75%	12.75%
3 年期的年化收益率				12.75%
3 年期平均收益增长率 + 股息收益率				12.50%

下面，我们对上面示例略加调整。假设 3 年后投资者愿意为相同收益支付更高的价格，其他条件保持不变，因此，市盈率将提高到 12 倍。在这种情况下，股票价格升至 63.84 美元（即每股收益 5.32 美元的 12 倍）。股票的三年期年化收益率（包括股息）为 19.7%，而不是 12.7%。投资者为相同收益支付更高费用的意愿，对总收益率产生了重大影响（见表 3.3）。

表 3.3　12 倍市盈率

名目	开　始	第 1 年	第 2 年	第 3 年
价格（市盈率 × 每股收益）	$40.00	$44.00	$48.40	$63.84
每股收益	$4.00	$4.40	$4.84	$5.32
收益增长率	10.00%	10.00%	10.00%	10.00%
市盈率	10	10	10	12
股息（股息分配率 × 每股收益）	$1.00	$1.10	$1.21	$1.33
股利收益率（股息 / 每股收益）	25.00%	25.00%	25.00%	25.00%
股息收益率（股息 / 价格）	2.50%	2.50%	2.50%	2.10%
收益增长率 + 股息收益率	12.50%	12.50%	12.50%	12.10%
年化收益率 {[（当年收盘价格 + 股息）/ 当年开盘价格]−1}		12.8%	12.8%	34.8%
3 年期的年化收益率				19.65%
3 年期平均收益增长率 + 股息收益率				12.36%

投资者预期对股价的影响

此时，我们或许已经发现潜在的差异。之前，我分享了自认为是股票投资方面最重要的原则：**购买个股的主要原因在于你是否认为其他投资者低估某公司未来收益率和股息增长率而导致其当前价格过低。** 我们提到，只有公司业绩超过市场普遍预期，股价才会上涨；公司业绩出乎意料地好，股价也会上涨。

但是在上述示例中，我们清楚地看到，即使投资者只愿意为这些收益支付同一个倍数的价格，股价依旧会随着股息和收益的增加而上涨。股票价格上涨与投资者预期并不一致，股价的上涨是基于量化分析。

如果投资者愿意为 1 美元收益支付的成本是 12 美元，而不是 10 美元，那么，3 年期年化收益率将从 12.8% 增加到 19.7%。投资者为什么愿意为获得 1 美元收益支付更高的每股价格呢？根据经典投资理论，投资者之所以愿意支付更高的价格，是基于他们对未来股息和收益的增长预期。回想一下，今天的股票价格应等于所有未来股息的现值（即按今天的美元价值计算）。

如果投资者认为股息增长率会上升，他们就有可能愿意为股票支付更高的价格。如果他们愿意支付价格是今天收益的更多倍数，这就意味着，股票的市盈率已经提高。一个精明的投资者或许已经预见到，该公司增长前景要好于当前定价和利润所体现的状态，并通过在市盈率上涨前买入更多股票，从而通过股价上涨而获利。

相反，如果公司业绩令人失望，并没有达到投资者的预期收益，或有证据表明收益增长正在放缓，由于预期的股息增长率会下降，因此，股票价格将会应声而落。于是，投资者为获取当前 1 美元收益所愿意支付的价格会减少，市盈率相应下降。

由此可见，所有结果都可以归结为预期。截至 2017 年年底，亚马逊股票的市场价格为每股 1 169 美元，其市盈率为前 12 个月每股收益 6.15 美元的 190 倍。[12] 亚马逊不派发股息。这显然是一只市场预期很高的股票。

如果我在 2018 年年初购买亚马逊股票并持有 5 年，那么我的总体收益率将取决于公司在这段时间内的收益增长，但也依赖于实际收益增长率与投资者预期的差异。如果收益增长率低于投资者的预期，市盈率会下降，我的这笔投资就会遭受损失。如果收益增长率高于预期，我将可能从投资中获利。如果收益增长足够快的话，即使市盈率下降，这笔投资也会给我带来赢利。

例如，亚马逊在 2017 年的年收益为每股 6.15 美元。亚马逊在未来 5 年的预期收益年增长率为 14%，到 2022 年年底，其每股收益为 11.84 美元。如果投资者愿意从现在起 5 年后支付 100 倍的每股收益，那么 5 年后亚马逊的股价将为 1 184 美元（100 × 11.84 美元）。这将接近 2017 年年底的 1 169 美元价格。如果投资者在未来 5 年内愿意支付超过 100 倍每股收益的价格，我就会赚钱；如果他们愿意支付的价格变少，我就会亏损。

尽管我们无从知道亚马逊股票的表现是否会好于预期，但对于同样由 100 只股票构成的投资组合——假设两个组合的平均市盈率分别为 10 和 190，低价格（平均市盈率为 10）组合业绩将超过高价格（平均市盈率为 190）的组合，因为廉价证券组合的赢利预期较低，因此，一旦实际收益高于预期，就会给投资者带来意外惊喜。

回到亚马逊股票，随后的事实证明，亚马逊的收益率在 2018 年一举超过 220%，每股收益达到 20.14 美元。到 2018 年年底，亚马逊的股价上涨了 26%，达到每股 1 478 美元。考虑到收益增长率超过股票价值增长率，因此，亚马逊在 2018 年年底的市盈率为 73，低于年初的 190（见表 3.4）。[13]

表 3.4　预测亚马逊股票

名目	2017 年	2023 年
价格［市盈率 × 每股收益（美元 / 股）］	1 169.00	1 184.13
每股收益（美元 / 股）	6.15	11.84
每股收益增长率	14.00%	14.00%
市盈率	190	100

在本书的前言中，我曾提到聘请灭鼠员的故事，他认为股票的合理年化收益率应该为 80%。就上述 3 个收益驱动因素而言，要实现这个收益率，股票会在这 3 个方面发生哪些变化呢？要么每股收益增长到非常高的水平，要么投资者为买入股票支付高于现在的价格。换句话说，非常高的现金流增长或现金流倍数的巨大变化影响到股票的市盈率。

尽管这种情况可能适用于个别股票——比如我们谈到的亚马逊，

但对整体股票市场而言却不太可能发生,因为从长远看,股票的总收益增长不可能超过经济的总体增长。

诺贝尔奖得主经济学家米尔顿·弗里德曼(Milton Friedman)说:"异常高的收益率是不可持续的,因为它不可能摆脱经济重力。"[14] 我们接下来探讨一下他对经济重力的理解。

企业利润"不可能摆脱经济重力"

经济增长衡量的是一个国家在一定时期内所生产的商品及服务价值。这个产出水平被称为国内生产总值(GDP)。通过了解家庭、企业和政府在特定时期内的支出金额,或者分析家庭、企业和政府的收入金额,政府统计人员即可估算出本国的 GDP 增长水平。

换句话说,与公司利润一样,企业收入也是估算 GDP 增长率的一个要素,它表明公司收入增长越快,经济增长就越快。但只有在企业销售更多商品和服务或减少支出的情况下,企业的利润才会增长,因为收益等于收入减去支出。企业的费用包括员工薪水以及从其他企业采购商品和服务的成本。

总的来说,通过削减开支增加企业利润的能力是有限的,因为以降低工资形式削减成本,意味着家庭可用于购买商品的资金相应减少,从而妨碍了居民消费,并最终限制了企业利润的增长。

同样,如果收益的增加来源于销售额的增长,这就意味着,家庭和企业就必须购买由此增加的产品和服务。如果增加的销售额来自其他企业,那么购买更多产品或服务的企业就会有更高的支出,这些企业的利润就会减少。

因此，部分企业利润的增长被其他企业利润的下降所抵消。对家庭来说，购买更多的产品和服务需要他们有更高的收入，而这些收入来自从企业那里取得更高工资；对企业而言，工资成本等业务费用的增加，又会对公司的赢利能力造成负面影响。

弗里德曼说，存在于企业及家庭收入与支出之间的这些联系表明，企业利润"不可能摆脱经济重力"。[15]

新股发行和股票回购的影响

在评估股票的未来收益时，一个合理的假设是，公司的销售总额和收益应该与整体经济的增长速度保持同步。但这就带来一个问题！全部企业的收益或许与整体经济增长速度保持同步，但是采用3个收益驱动因素估算股票的未来股息时，我们采用的指标并不是整体收益增长率，而是每股收益增长率。上述示例采用的是一只股票。

但如果上市公司发行更多新股票或新成立公司上市发行新股票，我们该如何计算呢？这意味着，上市公司的总体利润将分配给更多的股票。如果全部企业收入的增长速度与经济增长速度相同，在原有公司和新公司发行新股票时，如采用名义GDP增长率，全部公司的每股收益增长速度将低于总体经济增长速度。

这就是真实世界发生的情况。从长远看，每股收益的整体增长率落后于经济的整体增长率，因为现有公司和新公司发行新股票会导致流通在外的股票总数增加。从长期而言，比如说几十年，以每股收益增长率衡量公司利润增长率在每年之间可能存在很大差异。

克雷斯特蒙特研究公司（Crestmont Research）的创始人埃德·伊

斯特林(Ed Easterling)表示,10 年期的名义 GDP 增长率与公司利润增长率之间存在正相关性。他对比了 1960—2010 年名义 GDP 与公司利润,尽管 10 年期每股收益的增长率与名义 GDP 增长率呈正相关性,但却落后于名义 GDP 增长率。

譬如在 20 世纪 60 年代,美国名义 GDP 的平均增长率为 5.9%,每股收益的增长率为 4.4%。2000—2010 年,名义 GDP 年平均增长率为 5.2%,每股收益平均增长率为 4.4%。[16]

但从 2010 年开始,每股收益的增长率和名义 GDP 出现明显偏离。2010—2017 年,美国的名义 GDP 增长率年均值为 3.5%,而每股收益的年均增长率则是 6.5%。这确实表明,企业利润似乎已脱离基本经济重力。到底发生了什么呢? 公司本身的赢利能力更强大,他们每实现 1 美元销售收入而赚取的利润增加了。这也意味着,公司的利润空间扩大了。[17]

通常,竞争加剧会导致超过平均水平的赢利能力回归正常水平。但 2010—2017 年的情况并非如此。投资公司(GMO)联合创始人杰里米·格兰瑟姆(Jeremy Grantham)将美国上市公司获利能力的提高归功于低利率、增加债务、品牌影响力增强、政治影响力增强和垄断实力的提高。[18]

2010—2017 年的另一个变化是,很多公司在公开市场上增加回购股票数量。回购减少了流通在外的股票数量,即便公司每年的总收益保持不变,也会提高每股收益增长率。即使公司总收益与总体经济以相同速度增长,但由于股票数量减少,每股收益的增长速度仍会超过总体经济。[19]

虽然企业赢利能力超过总体经济平均水平的原因依旧存在争议，但关键点在于，如果公司利润以超过总体经济的速度持续增长，则企业就必须继续提高赢利能力。换句话说，公司需要提高 1 美元销售收入的赢利能力。此外，如果股票回购继续维持高水平，每股收益仍有可能维持超过总体经济的增速。

但如果企业利润率高于公司平均水平但不继续扩大，且股票总数的增长回归历史水平，由于新创建公司和现有公司继续发行新股票，每股收益增长率同样会落后名义 GDP 增长率。此外，如果公司利润率回归历史水平，公司利润增长率将落后于名义 GDP 增长率。[20]

考虑到每股收益增长率通常低于名义 GDP 增长率，因此，在估算股票的收益率时，一个更合理的假设是每股收益增长率与人均 GDP 增长率保持同步。人均 GDP 衡量考虑人口增长后的经济增长水平。由于人口增加，人均创造的商品和服务产量通常会落后于总体经济增长水平。

作为学者和相关从业者，锐联资产管理公司（Research Affiliates）的罗伯·阿诺特（Rob Arnott）发现，每股收益和每股股息增长率与人均 GDP 增长率之间存在密切关系。[21]

如何估算投资组合的收益率？

回答"你了解你投资的东西吗？"是为了评估投资的上涨空间，或者说这笔投资的预期收益率。当然，我们不能确定一笔投资到底会取得怎样的回报，但只要关注决定投资业绩的 3 个驱动因素，就可以将预期变成现实,而不是像灭鼠员那样幻想 80% 的年化收益率。

譬如,根据 SEC 公布数据,假设美国债券 ETF 的收益率为 3.5%,美国股票 ETF 的股息收益率为 2.0%。此外,我们假设美国房地产投资信托基金(REITs)的收益率为 4%,这些公开交易公司持有办公楼、仓储设施和零售场所等类型的房地产。在其他条件保持不变的情况下,这些收益率等于投资后下一年的收益率。

在上述示例中,我们通过 ETF 持有一篮子资产,因此,它们的股息收益率往往只会出现微小变化。对个别股票或房地产投资信托基金而言,如果公司削减股息,就可能会改变股息收益率(见表 3.5)。

表 3.5 不同资产预期收益率

资产类别	收益率 / 股息	现金流	预期收益率
美国债券	3.5%	—	3.5%
美国股市	2.0%	4.5%	6.5%
美国房地产投资信托基金	4.0%	4.5%	8.5%

接下来,我们再考虑第 2 个收益驱动因素。体现为股息、利息或租金形式的现金流会随着时间而增长吗?

就美国债券 ETF 而言,如果债券管理人对高收益债券进行再投资而导致利率上涨,现金流就有可能增加,但实际收益将被利率上升所带来的债券价格下跌所抵消。

对股票而言，现金流会随着每股收益的增长而增加。假设美国股票和 REITs 的利润和现金流的年增长率为 4.5%。

如果投资者在几年后愿意为股票和 REITs 支付目前水平的价格，根据这些假设，投资者对美国股票的合理预期收益率就应该是 6.5%（即 2.0% 的股息收益率加上 4.5% 的现金流增长率）；按照这些假设，REITs 的预期收益率为 8.5%（即 4.0% 的股息收益率加上 4.5% 的现金流增长率）。

但最大的问题是，几年后投资者是否还愿意按目前的水平为取得这些现金流支付相同的价格。如果不是这样的话，总收益就会低于或高于根据这些样本得到的美国股票及 REITs 收益率估值。

如果他们愿意为取得相同现金流支付更高的价格，实际收益率将高于上述预期收益率。

诚然，在使用这些经验法则制定股票和其他资产的预期收益率时，往往需要耗费大量的时间。摩根士丹利资本国际公司（MSCI）等指数供应商可以为我们提供股票大盘的股息收益率和市盈率数据，但是要确定每股收益增长率就没那么简单了。

世界银行（The World Bank）也提供真实人均 GDP 等历史数据，只需增加一个预期通货膨胀率即可取得每股收益增长率近似值，但股票回购导致每股收益增长率超过名义人均 GDP 增长率的程度无法确定。[22]

实际上，与其计算预期收益率，不如参考锐联资产管理公司[23]和资管巨头 GMO[24]等投资机构向普通大众提供的资产配置预期收益率。这些公司也采用类似方法制定本章介绍的预期收益率。

对理财师承诺的超高收益率及方法提出疑问

回想前面提到的那位听众：理财规划师确定，如果这位听众能以现有资产每年赚取 7.6% 的收益率，他可以现在就退休。但这位理财规划师是根据历史业绩计算的预期收益率。

我们不妨沿用理财规划师在 2017 年制定理财规划时的条件，采用更现实的前瞻性假设：假设股票收益率为 6.5%，债券收益率为 2.2%。如果将全部资产的 71% 投资于股票，29% 投资于债券，调整后的预期收益率为 5.3%。这些才是制定财务规划所依据的可靠数字。而且这也意味着，我的这位听众还要继续工作 10 年甚至更长时间，而不能在 41 岁时退休。

现在，我们已经掌握了估算投资收益率的经验法则，而这也是我们对理财规划师或其他相关从业者所提出的投资收益率做出合理评价的基础。我们需要静下心来，对他们所承诺的超高收益率及其采取的计算方法提出疑问。

毫无疑问，我们需要有足够的决心和信心，避免盲目地随波逐流、被新兴的投资浪潮冲昏头脑；而应对各种投资方案进行理性评价，把期望收益率定位于合理水平。

◆ 以历史收益率为基础评估资产的上涨空间或预期收益率是危险的，未来或许不存在造就这些历史收益率的条件。

◆ 确定一项投资预期收益率的经验法则基于3个绩效驱动因素：现金流、现金流增长率以及投资者为取得未来现金流所愿支付价格的潜在变化。

◆ 债券久期衡量的是投资债券时中短期内波动利率的敏感性。当利率增加，久期越长，价格下降的幅度就越大。

◆ 现行利率取决于投资者对通货膨胀率的预期、未来的短期利率以及投资者针对这些不确定性所要求的额外补偿。

◆ 个别股票之所以能带来超高的收益率，是因为该公司现金流的大幅增长或投资者为取得现有现金流愿意支付更高的价格。

◆ 从长期来看，通过覆盖面更广的ETF等方式建立多元化投资组合时，相应取得的收益率很少会超过两位数，因为现金流的增长率不可能超过总体经济的增长率。

第 4 章

如何管理投资组合的风险?

MONEY FOR THE REST OF US

投资风险包括最大的潜在损失以及由这种损失给个人财务带来的损害。在评估投资的风险时,主要目标就是避免不可挽回的财务损失,而不是彻底避免亏损。如果排除任何可能造成投资亏损的风险,那是一种避险过度的行为,当投资风险过低时,投资收益率或许会滞后于通货膨胀率的步伐。

彼得·伯恩斯坦

著名金融史学家

风险管理应该是应对（预期）错误后果的处理过程。其核心任务，就是最大程度减少负面结果造成的伤害和痛苦。

高中毕业后，我在位于辛辛那提市中心的一家荷兰广场酒店工作了一年。当时，这家修缮一新的酒店刚刚重新开放，这次装修重新恢复了酒店昔日的装饰风格。我和其他数百名求职者竞聘，在经过几轮面试后，我被聘为酒店服务员。入职之后，我被分配的工作任务就是洗碗和擦厨房地板。

作为清洗工作的一部分，我需要在酒店主餐厅厨房里操作一台大型自动洗碗机。按照工作要求，我需要尽快清空堆满脏盘子的托盘架，把盘子和玻璃杯放在架子上，然后再把托盘架推入清洗机。如果动作不够快的话，碗碟收拾工就没有托盘架去收拾餐桌上的残局，从而影响餐厅的正常流程。

很快，我就学会了快速倒空玻璃杯的液休，再把它们放在最顶层的塑料架中。架子摆满后，迅速把它推入洗碗机。我很快就发现，我的麻利对颈部狭窄且侧面细腻的香槟杯不起作用。在至少打碎了 6 只香槟杯之后，我才掌握规律，必须将它们轻轻地放在架子上。香槟杯需要的是稳定性，我的动作越迅速，打碎玻璃杯的可能性就越大。

在投资中，波动率衡量了证券或其他资产的实际收益率对预期收益率或平均收益率的偏离程度。现金资产的波动性非常小，因为它在不同时间的价格几乎没有变化；而股票的波动性相对较大，因为它会表现出较大的价格波动。

我们在上一章提到，在评估一个投资机会的吸引力时，我们需要了解它的预期收益率（即价格上涨的空间），而这个预期收益率取决于 3 个业绩驱动因素：现金流、现金流增长率以及投资者为取得未来现金流所愿支付价格的变化。当投资者重新评估未来现金流增长率或他们愿意为这些现金流支付的价格时，投资对象价格就会出现上涨或下跌。投资者的反复评估会带来价格的波动。

作为投资者，如果通过重新评估而带来高于平均水平的回报时，我们当然不会介意这种价格的上行波动，让我们担心的只有价格的下行波动。在进行任何投资之前，我们都需要回答这个问题："如何管理投资组合的风险？"如果投资未能如愿以偿，我们会损失多少？在本章里，我们将探讨，一笔投资的风险不仅指它的潜在亏损，还有亏损给投资者个人带来的伤害。

在恐惧达到高峰时，资产配置带来的惊喜也变高

和很多人一样，我同样不会忘记 2008 年 9 月到 2009 年 3 月这6 个月，在那个时候，每个人都以为国际金融体系和全球经济行将崩溃。在那段时间里，我们每天听到和看到的都是，股票和高收益

债券等高风险资产的负面冲击可能有多严重。我当时担任机构投资顾问和基金经理,我的客户无不心惊胆战,我的合作伙伴也在担心,我自己也有数周时间在茫然中不知所措。

2008 年 9 月 15 日,投资银行雷曼兄弟(Lehman Brothers)申请破产,这也是历史上最大的破产案。我当时正在圣迭戈市(San Diego)参加一场客户会议,碰巧被升级入住威斯汀酒店的总统套房。在这套摆放着大钢琴、大会议桌、若干沙发和座椅的豪华套房中,唯一能吸引我的就是电视中播放的那场金融大屠杀——美国股市当日下跌近 5%。

金融服务集团(PNC)投资咨询公司首席投资总监吉姆·邓尼根(Jim Dunigan)说:"你必须扔掉历史书,因为历史与这次危机毫无可比之处。"他还指出,"针对未来处境的任何猜测和投机都变得越来越难,因为我们的每一次投机似乎都会带来又一轮下跌。"[1]

杰富瑞投资公司(Jefferies & Co.)首席市场策略师阿特·霍根(Art Hogan)说:"我们从未见过这种局面,我们完全不知所措。"[2]

一个忧心忡忡的朋友兼同事直接打电话到我的酒店房间,问我如何看待这次危机。我给他的答复,也就是我在次日对我的客户法学院财务委员会成员说的话:经济和市场迟早会反弹。

一个月之后的 10 月份,我在公司 2008 年第三季度市场评论中重申这一点:"我们相信,这一轮熊市即将结束,就如同所有熊市最终都会结束一样。此外,我们还认为,在恐惧达到高峰时,有勇气配置各种资产带来意外惊喜的可能性更大。"

我为什么会这么认为呢?回归常态的催化剂到底是什么呢?我继

续说："如果你持有一个包含数千种证券的投资组合，并与持有数百只债券或数百只股票的基金经理一起进行投资，催化剂就是资本机制本身以及自由市场体系的弹性。这种催化剂就是人类由贪婪转为恐惧、再回归贪婪的趋势。我们认为经济迟早会重返增长轨道，恐惧会自然消退，而且投资者也必将推高被低估资产的价格。"

基于我们的投资经验法则，我们预计现金流将恢复增长，而且投资者将重新为这些现金流支付合理的价格。

我在10月下旬的一篇日记中写道："今年，美国股票市场已累计下跌50%，我管理的投资产品亏损了30%。我原计划在2010年年底拿着一大笔钱离开这家公司，但现在，我开始担心客户的流失会让我的计划全盘破产。最终没有一家客户离开，而且我们还有希望，但我们还是要为最糟糕的情况做准备。"

我发现，在金融危机这个问题上，最大的分歧就在于一切似乎都如出一辙。在这家酒店房间下方的街道上，汽车和行人依旧熙熙攘攘。在2008年秋天的晚些时候，在经历了一天极其惨重的股市抛售之后，我来到休斯敦机场。我瞥了一眼同行的旅行者，心想：他们的行为没什么不同啊，一切似乎都很正常。

然而，金融市场早已偏离常态。从2007年10月31日的市场峰顶到2009年3月9日的谷底，以摩根士丹利全球股权指数（MSCI All Country World Index）代表的全球股市集体大幅暴跌58%，其中大部分下跌发生在2008年9月到2009年3月之间。[3]

从2007年10月29日到2008年10月27日，摩根士丹利新兴市场指数（MSCI Emerging Markets Stock Index）下跌了65%。[4] 美国

股市在整个熊市期间下跌55%。[5]由于相对美国国债的息差急剧扩大，因此，高收益债券收益率下跌幅度超过30%。[6]

在这段市场动荡期间，唯有银行存款和美国政府债券这两种资产具有保值效应，随着投资者大批涌向这两个避风港，他们也相应地获得了正收益。

风险管理核心：减少负面结果的伤害和痛苦

传统金融理论用市场波动代替风险，特别是市场收益率围绕平均收益率或预期收益率的波动或变动程度。伦敦商学院金融学荣誉退休教授埃罗伊·迪姆森（Elroy Dimson）对风险给出更广泛的定义，他把风险定义为："总有意料之外的事情发生。"[7]也就是说，不管是好事还是坏事，有可能发生的事情总比预料的事情多得多。作为人类，我们需要考虑各种可能出现的结果，坦率承认有些结果是我们没有考虑到的，并根据我们预期会发生的事情采取行动。

经济史学家彼得·伯恩斯坦（Peter L. Bernstein）曾说过，风险管理"应该是应对（预期）错误后果的处理过程"。[8]风险管理的一个核心任务，就是最大程度减少负面结果造成的伤害和痛苦。

如果存在大量潜在不利结果，而且我们预期错误造成的危害很大，我们就可以认为，我们正在考虑的这笔投资或事业是有风险的；如果潜在不利结果可控，而且我们预期错误造成的危害很小，我们即认为这笔投资或事业的风险相对较小。[9]

比如说，美国短期政府债券的风险要低于股票，因为它们的违约风险非常低，而且对利率变化不太敏感，因此这些短期债券的收益率潜在波动范围也相对更窄。相比之下，在经济低迷时期，股票价格可能会下跌超过50%，譬如，在2008—2009年的全球金融危机期间就出现了这种极端情况。

价格波动与亏损之间具有关联性。价格波动性更大的投资具有更大的预期收益率，这意味着，它们更有可能产生会招致亏损的负收益。但风险不仅仅是绝对亏损，还有这种亏损造成的个人伤害。

对准备使用这笔钱支付房屋首付或在年底退休的个人来说，股价下跌50%可能是毁灭性的。但如果年轻投资者用零花钱投资股票，对他们将来的退休生活毫无影响，那么股价下跌50%则不会给他们带来什么伤害。

需要重申的是，一笔投资的亏损取决于其潜在亏损及亏损给投资者个人造成的伤害。对大多数人而言，投资结果都是不对称的：亏损造成的痛苦要超过同等金额收益带来的快乐。

比如说，我们可以比较一下，减薪20%和加薪20%对我们生活方式的影响。对我们当中的大多数人来说，收入减少20%带来的伤害要大于收入增加20%带来的福祉。但如果收入减少40%，收入减少与伤害程度之间的波动并非线性，伤害的结果绝不只翻倍，而是更糟糕，这将是非线性增长，因为在这种情况下，我们可能无法支付账单，甚至有可能被迫申请破产。

在这方面，很多人的表现就像我做洗碗工时摔碎的香槟杯，下行波动的大幅增加可能会让我们在财务上破产，就像剧烈的动作会打碎脆弱的玻璃器皿一样。

风险承受能力会因资产和个人经验而变化

亏损的加剧,不仅会导致我们的经济损失呈现指数式增加,我们的个人行为也会因此而发生变化。我认识一些在 2008 年金融危机后再未重返股市的投资者。对此,理财顾问会说,这些投资者的财务风险承受能力很低,他们不喜欢投资高波动性资产带来的不确定性。

按照佐治亚大学理财规划教授约翰·格拉布(John Grable)的定义,风险承受能力应该是指一个人"从事可能带来负面结果的风险行为的意愿"。[10]

理财规划师通常会要求潜在客户填写一份风险调查表,据此评估他们的财务风险承受能力。然后,他们根据这些风险承受能力调查表的统计结果,判断潜在客户对高波动性资产(如股票)的接纳水平。但这些标准格式的风险调查表存在很多问题。

卡丽·潘(Carrie H. Pan)和迈尔·斯塔特曼(Meir Statman)在他们的研究中提到了风险调查表的问题。[11] 他们指出,风险承受力会因为我们的具体条件、市场状况、近期经历甚至是被评估的资产池而有所不同。在牛市中,股票的高收益率会导致部分投资者认为,股票是一种高收益、低风险的资产类别。

因此,在这段时期进行的调查中,这些投资者会表示,他们愿意在未来接受更高的风险。然后,在经历了 2008 年那样的市场崩盘后,投资者会感到惊恐万分,从股票属于低收益、高风险资产类别的信念出发,他们会显示出较低的风险承受力。但就在这些投资者当中,有些人曾在市场崩盘前表示,他们拥有较高的风险承受力。[12]

风险调查表的另一个问题是,我们都习惯于根据不同目标将投资划分为不同的心理账户。因此，我们的风险承受力就有可能因投资而异。比如说，投资旨在通过激进方式追求一夜暴富的基金和投资大学储蓄基金，这两类投资反馈的风险承受力肯定会有所不同。[13]

最后，我们的风险承受力还会因个人经验而变化，这就会促使我们对投资组合作出相应调整。随着时间的流逝，我们不断积累新的投资经验，财务状况也会发生变化。

这些经验可能会提高或削弱我们的风险承受力，具体取决于我们的投资决策和当下市场收益模式。当股票收益率长期超过平均水平，或是处于长期下降趋势并不断出现重大市场崩盘，我们会采取相同的投资策略吗？显然不会。

思维模型与后视偏差

要通过评估当前或未来风险承受能力来选择投资或投资组合，显然是极端困难的，因为我们对风险的偏好取决于经验、当前环境以及投资时的心理状况。

简而言之，我们对风险的评价乃至对风险的厌恶心理是复杂多变的，而且要面对各种偏见的侵袭。心理学家丹尼尔·卡尼曼（Daniel Kahneman）和阿莫斯·特沃斯基（Amos Tversky）正是凭借对人类决策方式的开创性研究获得了诺贝尔经济学奖。

他们曾写道："在不确定情况下进行预测和判断时，人们……会依赖于有限数量的启发，这些启发有时会帮助我们作出合理判断，有时则会造成严重的系统性偏差。"[14]

他们的研究表明，人们会将自己的判断与思维中的某些模型进行比较,并据此评估某个事件发生的可能性。但现时状况是否代表这种思维模型? 思维模型是否适合现有模式呢?

我们会在潜意识中这么做:一旦发现与某种模式相匹配的线索,我们就会本能地认为,某个事情可能会发生,或是注定会以某种方式再现。[15] 然后,一旦我们认为这个事件很有可能会发生,我们就很难改变这个先入为主的决策。[16]

进行比较时,我们能联想到的思维模型往往基于最近的经历,而不能反映总体面貌的样本集合。[17] 在经历 2008 年全球金融危机的随后几年里,投资者和专业人士往往会本能地认为,即将形成的金融和经济数据会预示着一场衰退或熊市。有时,在进行这种心理比较时,我们大脑中往往找不到合适的比较对象。

但有时候,我们也可能会轻而易举地找到匹配对象,并确定某个事件是极有可能发生的,而我们不应该这样做,因为当前情况是独特的或完全随机的。

最后,在决策方面,我们会受到后视偏差(hindsight bias)的困扰。**一旦发生某些事情,即便是我们之前认为发生概率非常低的事件,我们也会认为该事件再次发生的概率很高。**[18]

本书的 10 个问题可以帮助我们认识甚至是克服投资决策过程中的某些固有行为偏见。因此,我们不能依靠直觉,而是应依据某些更客观的标准确定预期收益增加或减少,譬如当前现金流、与经济重力相关的已实现的现金流增长率,以及投资者当前为取得该现金流而愿意支付的价格。

投资严重亏损和恢复期，给退休者造成财务伤害

在判断一笔投资的潜在风险时，不能只依赖于我们头脑中根据近期经验而设想的思维模型，而是应采取更客观的方法，即分析一项投资在历史上的最大跌幅，也就是所谓的最大回撤率（maximum drawdown），并计算该资产弥补这些损失所需要的月数或年数，这段时间被称为恢复期（recovery period）。随后，我们再估算既定投资规模在最坏情景下出现的财务亏损，这些财务亏损也包括我们被迫对生活方式、消费习惯或未来规划进行的调整。

通过指数共同基金或 ETF 进行股票投资，现实假设的最大回撤率为 60%，恢复期为 4 年。这是按历史数据推算的，在理论上，人们始终认为每一次最大跌幅均甚于以前经历的最大跌幅。

表 4.1 是对本书所涉及资产最大回撤率与恢复期进行的预测。

表 4.1　最大回撤率和恢复期

资产类别	最大回撤率	恢复期
美国及非美国股票	−60%	48 个月
美国房地产投资信托基金	−60%	43 个月
美国投资级债券	−5%	12 个月
美国高收益债券	−36%	18 个月
存款	0	0

请注意，上述表格中没有出现大宗商品或加密货币等投机性资产。对于无收入流且是否会带来正收益尚存争议的投机性资产而言，我认为，最糟糕的情况就是损失全部本金（即最大回撤率为 100%），而且无恢复期（即永久亏损）。我曾投资一家由家庭成员创办的企业，我当时的想法是，这笔钱已经不再属于我。诚然，我可以把它解释为一笔投资，但我觉得更像是无偿赞助。

假设投机可能会造成 100% 的亏损，这是一种极端情况，但做好最坏打算，显然有助于我们在心理上为亏损做好准备，也会提醒我们不要把过多资金配置给投机资产。古罗马哲学家塞涅卡（Seneca）在给朋友卢西乌斯（Lucilius）的第四封信中写道："如果我们在思想上不能接受失去的可能性，任何美好的事物都不会给我们带来快乐，但意外损失带来的不快都要胜过无法避免的损失。因此，要鼓励和强化我们的精神，去抗衡最严重的灾难。"[19]

投资组合的严重亏损和漫长的恢复期会给退休者造成重大财务伤害，体现为退休资产的可持续时间。比如说，在退休后的第 1 年，退休者从投资组合中提取 4% 的资金，然后在根据通货膨胀率调整年度支出金额。

如果假设投资组合的收益率为 5.5%，年通货膨胀率为 2.5%，这位退休者的投资组合预期将维持 44 年。但如果他的投资组合在退休后的第 10 年缩水 40%，而且需要 4 年才能完全恢复这笔亏损，在这种情况下，如果不减少每年从投资组合中提取的金额，这个投资组合只能持续 30 年，而不再是 44 年。原因在于，总资产会因遭受亏损而减少，使得相同提款额占投资组合的百分比从 4.5% 增加到 8.1%。

股票和债券的波动性会在经济增长放缓时加大

资产价格之所以下跌，是因为投资者认为未来现金流的增长率会降低，或因为他们不愿为获取未来现金流支付更高的价格。到底是什么促使投资者不断调整对资产类别的估值并导致市场波动呢？一种影响来自利率的变化。股票的合理价格是其未来股息收入的现值，现值是将未来现金流置换为今天的价格。描述现值的另一种方法是，它是未来现金流与今天一笔现金给投资者带来相同效应的金额。

是什么让投资者对今天收到的现金或未来收到的现金不加区分呢？对于一笔在一年后支付的现金，如果它所带来的收益率能达到投资者要求的最低收益率，投资者就不会关注什么时候收到这笔资金。比如说，假设投资者要求取得的最低收益率为6%，他就不在乎是今天取得100美元、还是在一年后取得106美元，因为如果对今天的100美元按6%的收益率进行投资，在一年后就会变成106美元。

在这个示例中，如果投资者在一年后取得106美元，这笔钱的现值为100美元。如果假设无风险美国政府债券的年收益率从2%上调至3%。在这种情况下，投资者要求取得的最低收益率可能会提高到7%，而不再是6%，只有这样，他才愿意进行为期一年的风险投资。按7%的最低收益率计算，从现在开始的一年之后，106美元对应的现值为99.07美元。由于投资者所要求的最低收益率从6%升至7%，因此，这笔资金的现值或价格下跌近1.00美元。

投资者要求取得的最低收益率会随着利率变化而波动，因为在利率上升时，投资者取得的收益率就会高出无风险短期政府债券1%，他们必将要求更高的风险投资收益率。最低收益率的提高会导致未来现金流的现值减少,进而导致这些投资的价格出现下降。

如上一章所见,当短期利率的预期路径发生变化,或是投资者为补偿意外通胀或未来利率提高而需要的期限溢价发生变化,导致利率会随着预期通货膨胀率的涨跌而波动。

除利率变动外,当投资者重新评估整体经济对未来现金流的影响时,资产价格也会发生波动。当整体经济萎缩时,销售额的下降会影响公司收益。低利润可能意味着对投资者支付股息的减少,从而减少股息的现值,进而导致股价下跌。

根据内德·戴维斯研究公司(Ned Davis Research)提供的数据,自 1916 年以来,在美国股市的 12 次最大跌幅中,有 10 次发生于经济衰退期,平均跌幅为 47%。[20]英格兰银行前行长默文·金(Mervyn King)曾说过:"当投资者试图应对未知的未来时,股价就会波动。他们对未来赢利的判断可能非常不稳定。这种不稳定性也是资本主义经济的基础。"[21]

此外,企业利润降低也会导致公司难以偿还未偿债务的利息和本金。这就增加了违约风险,导致投资者要求公司借款人以更高收益率(利差)的形式提供额外补偿,以抵消违约风险的增加。在这种情况下,债券价格会下降。

这意味着,股票和债券的波动性通常会在经济增长放缓时加大。当金融市场在经历相对平静之后进入动荡期时,就像乘坐飞机时撞到气囊的颠簸,通常会有另一次颠簸,这就是集群效应(cluster)。在经济形势变化时,投资者会重新评估投资前景,从而增加市场波动性。

投资者对收益率的要求以及对影响收益率的诸多经济因素地不断重新评估，也会影响到公司对投资项目及其他方面采取的行为。

哈佛大学金融学教授米希尔·德赛（Mihir Desai）说过："对于价值来自何处这个问题，金融学给出的回答非常简单。你拿到手的资金都是有成本的，因为把钱交给你的人，注定会对收益率有更多期望……他们的预期收益率就是你承受的资金成本。你是他们资金的管家，创造价值的基本前提就是，只有超出他们的期望和资金成本，才会有价值的形成。"[22]

当诸如航空公司之类的企业评估购买新飞机或进入新市场等项目时，他们希望项目创造的收益率首先要超过资金成本，这个资金成本是债务利息率与股权投资者预期最低收益率的加权平均值。如果企业所实施项目的收益率始终超出资金成本，公司市场估值变化就会体现于股票价格的上涨。

这样的企业就是在创造价值，他们给投资者的回馈超过他们收取的资金。而投资项目收益率低于融资成本的公司，只是在侵蚀价值。

当然，如果投资者提高对股票和债券投资所要求的最低收益率，企业项目为创造价值所需实现的收益率（体现为资金成本）也会相应提高。这意味着，某些公司项目可能很难融资，因为资金成本的增加会导致这些项目在经济上不可行。

避免不可挽回的财务亏损，而不是规避所有风险

投资风险是潜在亏损以及亏损所造成的个人损失。评估投资风险

的目的是避免不可挽回的财务亏损，而不是规避所有风险。美联储前主席本·伯南克（Ben Bernanke）在谈到他的两位导师时曾说过："如果你从不想错过任何一次航班，就要更早地赶到机场。"[23] 伯南克对这句话的解释是：如果你想完全排除任何金融危机的可能性，你可能会极大降低经济和创新的发展速度。[24]

从投资角度说，这个候机的隐喻意味着，**如果你排除投资中任何发生亏损的可能性，过低风险会导致你的投资组合收益率甚至跟不上通货膨胀率的步伐。**也就是说，你的投资组合看似安全，但考虑到真实通货膨胀率或按通货膨胀率调整后，你实际上是在亏钱。

作为投资者，我们都会有内在的某种行为偏见，导致我们既不能合理评估自己的风险承受能力，也无法客观评估一笔投资的风险。因此，确定一笔投资亏损的客观方法，就是分析最大回撤率（即历史上最严重的跌幅）以及亏损的恢复期（即收复这个亏损所用的时间），再估算亏损给既定投资仓位造成的财务亏损比例。对没有收入来源的投机活动（如加密货币），一种谨慎的方法是假定最大回撤率为 100%，而且永远无法恢复。

对退休者而言，投资组合的大额亏损可能是破坏性的。对距离退休还有数十年的投资者，即使股票下跌 60% 也不太可能给他们造成不可挽回的财务损失，因为在需要这笔钱之前，他们还有足够时间等待股票彻底反弹。因此，这些投资者可以承受将更多资金投资股票所带来的波动性，从而借助收益率长期超过通货膨胀率的股票类资产创造更多收益。

◆ 波动率衡量了证券等资产实际收益率对预期收益率或平均收益率的偏离程度。投资对象波动率越大，在某个时点发生亏损的可能性就越大。

◆ 当金融市场在经历相对平静之后进入动荡期时，就会产生集群效应。

◆ 投资风险是潜在亏损以及亏损所造成的个人损失。评估投资亏损的目标是避免不可挽回的财务亏损，而不是规避所有风险。

◆ 确定一笔投资亏损的客观方法，就是分析最大回撤率（即历史上最严重的跌幅）以及亏损的恢复期（即收复这个亏损所用的时间），再估算亏损给既定投资仓位造成的财务亏损比例。

◆ 资产价格下跌是因为投资者认为未来现金流增长率会降低，或者他们不愿为未来现金流支付更高的价格。利率和经济增长前景的变化都会导致市场波动。

第5章

你在同谁做交易?

MONEY FOR THE REST OF US

了解是谁在向我们出售资产,可以帮助我们避免把成功寄托于猜测未来或打败其他投资者的金融产品上。

瑞·达利欧

桥水基金创始人

大多数人犯下的最大错误是不客观地看待自己以及他人，这导致他们一次次地栽在自己或其他人的弱点上。

投资不是一件我们可以单独做的事情。要参与投资，首先需要有人把资产出售给我们。卖方可以是另一位投资者；对于由专业顾问管理的投资产品，卖方还可以是投资的发起者。在本章，我们着眼于与其他投资者交易时应考虑的因素，尤其是卖方认为我们可能没有考虑到的因素。

在从事投资顾问工作之前，我曾在俄亥俄州代顿市的一家租赁公司担任财务分析师。在这家公司工作 18 个月之后，我觉得自己对租赁汽车的市场了解得已经足够多。那时，我们刚买了第一套房子，财务确实很紧张，但我也厌倦了每天不得不修理那辆上下班驾驶的旧皮卡车。我离开办公室，走进一家丰田汽车经销店，我想租一辆月租费最低、首付款最少的新车。

我不在乎它的型号，也不在乎它的颜色，更不在乎它有什么功能。我唯一在乎的就是尽可能地减少每月支付的租金。这就意味着，我需要的是一辆在保修期的新车，这样我就不必支付汽车维护修理费。

在找到心仪的汽车后，我和经销商的财务经理在销售代表的协调下，开始了来来往往的谈判。最后，这位经理邀请我去他的办公室。在意识到我非常熟悉租赁业务的财务算法后，他直接将电脑屏幕转向我，让我查看交易的详细信息，包括经销商的成本、利润、利率以及汽车在 3 年后的预计残值。直到此时，我才同意租车。

经销商从这笔交易中获得的利润不到 300 美元；尽管经销商最终会从丰田那里得到一笔额外奖金，但这位经理让我直接查看电脑屏幕的做法，最终说服我签署了这笔租约。

于是，我开着这辆安装了黑色大保险杠的白色丰田"雄鹰"汽车，离开了汽车租赁公司。这就是后来我尽量不让投资客户看到的车，我担心这辆车会让他们知道，我不是有钱人。我们一直称这辆车为"小汽车"，每月租金不到 200 美元。

这笔租赁交易让我觉得非常满意，因为我认为自己拥有作出明智决策所需要的足够信息。我知道自己要和谁打交道，我也信任丰田这个品牌，交易细节公开透明，而且我还取得保证：如果汽车出现机械故障，我不必承担维修费用。

不妨比较一下这笔新车交易与我在第 2 章提到的"大宗商品交易员"的经历。在签订一笔原油期货合约时，我的订单从经纪人转到大宗商品交易所，交易所同时充当期货合约买方（我）和卖方的交易对手。由于有商品交易所所有者——芝加哥交易所集团提供的财务资源支持，因此，我完全不担心这笔交易会失败。

实际上，对大多数涉及股票、ETF 和债券等公开交易证券的交易，我们都不必担心交易失败。经纪公司和交易所通常需要为交易正常进行提供必要的财务支持,还有各种保险基金保护投资者,以防经纪公司破产。在出售股票时,我们可以确信,交易会顺利达成,我们会获得出售股票的收入。

但非公开交易却不是这种情况。以上面提到的这家丰田汽车经销店为例,我相信,只要签订租约,店主就会把汽车交给我。此外,我还会签署一份租赁合同维护自己的权益。在租约期满时,我把汽车出售给私人买家,我得到的是现金,因而不必担心支票被拒付而无法收到资金。

不同于担心未来的石油价格,我对这辆汽车的未来价格走势非常有把握。随着汽车自身不断贬值,它的价值肯定会下降,但我的损失是有限的。如果汽车的价值低于租赁合同预订的残余价值,我就可以在租赁结束时将这辆车退还给丰田公司。但如果价值高于这个残余价值,我就可以按残余价值买下汽车,然后再卖给第三方,并从中取得微薄的利润,这也是我最终对这辆车采取的做法。

而对原油期货合约,我对原油的生产、提炼、储存或消耗量几乎一无所知。我根本就不清楚买卖订单的数量或哪些订单可能会等待执行。实际上,我只是猜想原油价格会上涨,这就是这笔交易完全是投机的原因所在。

不仅要了解交易对手,还要了解其掌握的信息优势

作为投资者,在考虑一笔新投资的时候,都需要回答这样一个问题:你在同谁做交易?这种交易信息包含两个方面。

第一个方面是对交易对手的了解情况，我们是否对达成交易充满信心？如果出现问题，我们会得到哪些保护？

以房地产众筹网站为例，投资者可以在这里向借款人发放贷款，借款人利用这笔资金维修房屋，达到翻新或对外出租的目的。有些投资者或许没有意识到，自己并不是真正在为借款人提供贷款，因此，在借款人违约时，他们在标的资产中没有担保权益。

众筹平台是一个为借款人提供贷款的实体，它以借款人持有的物业作为抵押品。因此，投资者实际上是投资众筹平台发行的依赖于抵押贷款的本票发票人。

由于借款人向众筹平台支付贷款的利息和本金，因此，众筹平台需要承担支付本票的义务。但如果众筹平台申请破产，这些抵押贷款支持本票的持有人在平台上无须承担抵押责任。他们的受偿顺序和其他无抵押债权人相同，而且优先级低于平台尚未偿还的其他所有优先债务。因此，在众筹投资平台，交易风险远超很多投资者的想象。

第二个方面是卖方有可能知道而我们却不知道的资产未来价格。

针对掌握资产未来价格所具有的信息优势，古罗马哲学家西塞罗（Cicero）的思想实验为我们提供了一个经典示例。

西塞罗在创作于公元前 44 年的《论义务》（De Officiis）一书中写道："假设在罗德岛发生饥荒而且粮食严重供不应求的时期，食品价格达到了惊人水平；再假设，一个诚实的商人从亚历山大港进口大批谷物；他还知道，其他几家进口商的商船已经从亚历山大港起航，他看到这些装满谷物的商船正在驶向罗德岛；此时，他是把这个事实告诉罗德岛人，还是保守秘密并以最高市场价出售自己的谷物呢？"

西塞罗又接着指出，这是一个善良正直的商人。于是，他说："我提出的问题是：如果他认为向罗德岛人隐瞒事实是不道德的，而且他可能会怀疑，即便是沉默也可能是不道德的，他会如何思考并解决这个问题。"[1] 这个商人对未来市场供求关系拥有信息优势。他很清楚，当其他商船抵达罗德岛时，粮食供应量将会急剧增加。西塞罗与巴比伦尼亚的第欧根尼（Diogenes）和学生安提帕特（Antipater）讨论了这个问题。

对于这位商人是否应该公开可能会影响谷物未来价格的信息，后两者持不同意见。[2] 尽管这只是一个思想实验，但最有趣的应该是，这个商人可以用几天或几周时间去决定如何处理这种信息优势，因为在这种情况下，信息优势体现为这些装满谷物的轮船，因此，这种会影响价格的信息移动得很慢。

个人投资者能否对抗机构和交易机器人？

今天，影响市场价格的信息移动速度更快，已不再是几周或几天，而是几毫秒。如前所述，我曾尝试从事大宗商品期货交易，但没有成功，因为我不了解基础商品的需求和供应，而且我手里又没有任何订单数据。

10～20 年前，还有数百家大宗商品对冲基金掌握这类信息，并利用这些信息牟利。今天，计算机已成为大宗商品期货交易的主宰者，它们依靠人工智能运行定量交易算法，这就使得依靠基础信息交易的对冲基金数量不断缩减。美国商品期货交易协会（CFTC）提供的数据显示，自动化交易已达到外汇期货交易总额的 80%，占股票交易总额的 70%，在能源期货交易中的比例也超过 50%。[3]

大宗商品对冲基金马萨资产管理公司（Massar Capital Management）首席投资官马尔万·尤恩斯（Marwan Younes）说："20年前，面对大宗商品经理，如果你问他：'我为什么要和你一起投资？'得到的典型答案往往是：'我拥有庞大的人脉网络，我随时可以向他们询问我需要的任何信息。'今天，把专有信息称为优势的说法确实难以令人信服。"[4]

专注于能源交易的对冲基金 BBL 大宗商品投资创始人乔纳森·戈德堡（Jonathan Goldberg）表示："仅根据所有人都掌握的信息（例如政府数据和股票价格报告）进行交易，完全是傻瓜的做法。你点击键盘的速度永远也不可能超过机器，也就是说，你永远也不可能比亚马逊更快地交付包裹……或许 10 年前还有可能做到，但现在绝对是不可能的。"[5]

然而，有些个人投资者仍在尝试与机构交易者进行竞争。我曾遇到一位家具推销员，他对大宗商品期货交易的兴趣远超家具。这位 65 岁的推销员已在家具公司工作了 14 年。他一直未参加老板开设的养老金固定缴款计划。

实际上，只要他按计划缴纳自己承担的部分，公司就需要缴纳相同金额，这相当于他可以凭借这笔缴款轻而易举地赚到 100% 的回报。但他说自己并没有参加这项计划，因为公司的股票存在风险，他会因投资这些股票而亏钱。

现在，他的目标是在 70 岁之前退休。因此，他还向一家交易研究院支付了 23 000 美元，学习如何交易大宗商品期货和外汇。推销员说："我必须学会自己投资。"他提到，他曾有机会支付 5 万美元参与这所学院的精通级课程，从而得到一对一的指导，但他最终还是选择了"价格较为便宜"的普及版课程。

按照家具推销员的介绍，我也参加了这家交易研究院的一个 4 小时讲习班，我想更好地了解这家研究院如何说服一个没有投资经验的人花这么大一笔钱去学习交易策略。他们的理念非常直白：交易者有可能很快就赔光全部资金，因为期权和期货均属于高度杠杆化的产品，尽管进行交易的资金很少，但通过这些产品，损益会被放大。

研究院的一位讲师说，成为一名成功交易员的关键，就是要学会迅速放弃亏损交易，只留下赚钱的投资。他们一再强调，如果交易者在赢利交易中赚到的利润超过赔钱交易的亏损，他们只需在超过一半的交易中作出选择即可取得成功。

他们在课上详细介绍了如何使用他们已在美国申请专利的交易流程。他们指出："大多数市场交易都是在零和博弈前提下进行的，也就是说，赢家的赢利来自输家的亏损，因此，成功交易的关键就是找到其他交易者通常会在市场上犯哪些错误，从而利用他们的错误为自己寻找胜机。"[6]

这种方法表明，交易员是在利用新手的幼稚，而他们又会被机构父易者所利用。这些新手大多数为个人投资者，他们的交易"无异于跟着感觉走"，[7] 或是在"价格上涨行情"[8] 之后买进，此时，以机构和交易机器人为主的买方已开始大幅抛售。由于卖家的力量大于买家力量，价格下跌，让投资新手变成了高位接盘。[9]

要通过识别错误定价的股票跑赢大盘，极其困难

令人沮丧的是，太多的投资新手被这样玩弄。正因为这样，我们才必须认识到你在同谁做交易，以及基金经理或交易员是否比我们更了解影响价格的因素。对于主动型基金经理和交易员而言，要始终能跑赢大盘或者至少与大盘旗鼓相当，他们就必须在证券选择方面比其他主动型基金经理和交易员高出一筹。

此外，当个人和机构投资者把资金配置给这些主动型基金经理和交易员时，他们还要面对一项任务——他们需要提前确定，哪些基金经理或交易员更善于选择证券。

对此，锐联资产管理公司创始人罗伯·阿诺特说："当你选择一名主动型基金经理时……你最好先搞清这个主动型基金经理是不是个成功者，因为交易的双方总要有一个失败者，谁是失败者，他为什么会心甘情愿地做失败者？"[10]

在投资生涯中，我花费了很多时间去寻找高水平的主动型基金经理，因此，我完全有理由说，这绝非易事，尤其是在这些高水平的基金经理经历业绩不佳的时期，而眼光平庸的基金经理却凭借运气而获得长时间的超额收益时，要作出合理判断就更加困难。标准普尔通过每年进行的研究发现，投资业绩长期处于行业前半部分的基金经理寥寥无几。[11]

马尔科姆·格拉德威尔（Malcom Gladwell）曾介绍针对上述统计进行的心理实验，他发现，有些幸运的投资者总能取得让他们貌似水平高超的业绩。这项实验对1万名基金经理的业绩进行研究，巧合

的是,一半基金经理在任何一年都会赢利,而另一半则在所有年度均告亏损。格拉德威尔写道:"假设剔除每年的失败者,然后由剩下的人继续进行投资。那么,在 5 年之后,会有 313 个人在每个年度内均能取得赢利;10 年之后,在每年都能赚钱的基金经理只有 9 个人了。可见,这纯粹是出于运气。"[12]

50 年前,对一位业绩优异的证券基金经理来说,要找到表现良好的股票要容易得多,因为交易的对手主要是散户,他们总是会过早抛出最终会有出色表现的股票。

而现在,个人投资者主要通过共同基金或交易型开放式指数基金持有大部分的股票和债券仓位,有些基金采取被动型策略,有些则采取主动型策略。这意味着,主动型基金经理必须积极出击,争夺少数业绩优异的股票和债券,而且越来越多的证券交易员开始采用量化交易算法。

每一年,标准普尔道琼斯指数公司(S&P Dow Jones Indices)都会制作记分卡,对主动型股票基金经理的业绩与大盘指数进行比较。这些标准普尔指数与主动指数(S&P Indices Versus Active,SPIVA)报告的结论显示出高度的一致性:全球范围内,在扣除相关费用后,大多数主动型基金经理的业绩低于被动管理型指数基金业绩。例如,截至 2018 年 12 月 31 日的 15 年里,92% 的美国大盘股基金业绩落后于标准普尔 500 指数,97% 的小盘股基金则落后于衡量美国小公司股票收益能力的标准普尔 600 指数。[13]

当然,作为投资者,我们不能直接投资市场指数,但可以投资指数共同基金或 ETF。晨星公司发布的半年度报告比较了主动型基金经理和被动型基金经理的业绩，无论是主动策略还是被动策略，它们的业绩都会因投资成本（如管理费）而降低。晨星的报告显示，在 10 年、15 年和 20 年的考量期限内，扣除费用之后，绝大多数主动型基金经理的业绩不及被动型基金经理的业绩。[14]

更令人深思的是，在标准普尔和晨星进行的这些长期研究中，他们只包含在 10 年、15 年和 20 年后仍在持续管理资金的基金经理。实际上，很多基金会因业绩不佳而在考察期内被关闭或合并，因此，他们的跟踪记录没有被纳入研究。如果这些基金存续下来的话，业绩不佳的基金经理所占的百分比只会更高。

无论是主动型投资者还是被动型投资者，只要投资期限足够长，他们都将收获正收益，这个结论至少适用于股票和债券市场。因为股票收益率取决于股息和股息增长率，而股息增长率则与经济增长率密切相关；债券收益率则依赖于利息收入。然而，这个规律并不适用于大宗商品期货市场或外汇市场。

在大宗商品期货市场上，当交易员基于未来石油价格上涨预期而发起交易时，都要对应于另一笔基于未来石油价格下跌预期而发起的交易。也就是说，在每一笔实现赢利交易的同时，都会有另一笔遭遇亏损的交易，因此，所有市场参与者的平均收益率为零。

在期货市场上，唯一有保障的正收益，就是投资者通过经纪账户上的保证金而取得的利息收入，补偿他们在期货市场中遭受的任何亏损。投资者缴存并由经纪人拥有的这笔资金被称为初始保证金。

同样，在外汇市场上，扣除费用之前的总体预期收益率也为零。外汇是世界上最大的金融市场，平均日交易量超过 5 万亿美元。外汇市场的主要参与者包括各国政府、从事国际贸易的企业、对冲基金和个人。外汇市场是一个场外交易市场，所有交易均在各种电子平台上或银行与市场参与者之间进行，而不是在交易所内完成。

比如说，假设一名交易员推测美元兑欧元汇率可能会下跌，于是，他把美元兑换为欧元。与此同时，作为这笔交易的另一方，则需要把欧元兑换为美元。如果美元贬值，那么，这名交易员就可以用欧元换回美元，并实现赢利；而交易另一方用美元兑换欧元时则会遭遇亏损。在外汇市场上，每个赢家的背后都会有一个输家，所有参与者的收益总额为零。而在扣除银行或其他交易平台收取的佣金或费用后，总的净收益则变成负数。

我曾在第 2 章指出，在购买预期收益率为负数的资产时，我们实际上是在赌博。考虑到商品期货和外汇市场的零和博弈性质，因此，依靠猜测其他投资者是否赢利而赚钱，几乎是不可能的事情。实际上，我知道交易期货合约和外汇是很难赚钱的，因为我尝试过而且失败了。这就是我为什么只投资于期望收益率为正的资产，因为这些资产会带来现金流，而且长期来看这个现金流是增长的。

要想成为成功的交易员，而不仅仅是投资者，我们就需要进入这样一个金融市场：在这个市场中，所有证券的预期收益率为正，并且大多数投资者是个人投资者，而不是复杂的机构和算法。我知道，唯一适合这种描述的市场就是封闭式基金，这也是我们将在下一章里重点探讨的金融产品。

来自 SPIVA[15] 或晨星 [16] 等信息服务机构的投资算法和数据清楚显示，要通过识别错误定价的股票而跑赢大盘，显然是一件极其困难的事情。只有因当前价格低于未来股息现值（即今天的美元价格）而被低估的股票，未来才有可能跑赢大盘。由于这些股票的业绩会优于市场参与者的共识，因而会出人意料地上涨。相反，业绩差于市场共识的股票则会落后于大盘。

回顾历史，市场参与者的集体智慧往往是错误的

这里有一个问题需要考虑：如果说，个人和专业投资者难以识别定价错误的股票并借此获利，这是否意味着，股票及其他金融资产始终被正确定价呢？我不这么认为。回顾历史，市场参与者的集体智慧往往是错误的。

当我读本科和研究生的金融课时，我知道了有效市场假说（Efficient Markets Hypothesis）。但是，这个理论很少被视为假说，而是被当作一个毋庸置疑的教条所传授。有效市场假说由保罗·萨缪尔森（Paul A. Samuelson）和尤金·法玛（Eugene Fama）提出，这两位学者均为诺贝尔经济学奖得主。

尤金·法玛在 1965 年发表文章指出："有效市场是存在着大量理性的、追求利润最大化的参与者，每个参与者都试图预测某只股票的未来市场价格，而且所有参与者均以无偿形式及时获取市场中当前的重要信息。在有效市场中，众多理性参与者之间的竞争会造就这样一种局面：在任何时候每只股票的实际价格均已反映了已发生事件和尚未发生但市场预计将来会发生事件相关的所有信息。"[17]

换句话说，根据该理论的强假设形式，市场上不可能存在被错误

定价的股票。所有股票都能反映其内在价值，即未来股息流的现值。既然所有市场信息都已经反映在价格中，我们为什么还要枉费时间为选择哪只股票而绞尽脑汁呢？在这种情况下，我们最好投资于被动型指数基金，而不是寻找采取主动策略的基金经理。

这就是我在课本中学到的，其实，我也只是有一点相信而已。在研究生毕业后，我仍在研究个别股票，并为自己的投资组合寻找合适的投资对象。显然，我们需要从亲身实践中学到一点教训。在成为投资顾问后，我开始用大量时间对主动型股票及债券投资经理进行尽职调查，显然，很多人的业绩确实超过市场平均水平。

在我的投资生涯进入第 7 个年头时，我想出一种创建股票投资组合的方法：由最受欢迎的基金经理持有的前 10 种股票构成组合。也就是说，这个组合所持有的股票全部来自我们最信任的投资公司，他们不仅拥有超越市场的业绩，也是我们向客户推荐的公司。

我花费了数月时间检验这种策略，并最终坚信，这个富有启发性的策略不仅可以为客户带来数百万美元收入，并为我自己和我的合作伙伴带来可观的收入，也大大减少了我的外出拜访时间，让我有更多时间陪伴家人。这个策略会失败吗？这可是由 80 只蓝筹股票组成的顶级组合啊！

但我的方法并不成功。我使用风险管理软件构建投资组合，确定每种资产的最优比重，以确保投资组合不会出现太大的跟踪误差（tracking error）。跟踪误差反映了投资组合偏离目标指数的程度。我对该投资组合的业绩与衡量美国股市业绩的罗素 3 000 指数进行了比较，结果显示，在扣除管理费后，我的投资组合始终表现不佳。

怎么会这样呢？要么是我自己和我的同事在选择股票基金经理方面都很糟糕，要么还有其他方面的原因。直到后来，我才意识到，基金经理会找到很多业绩超常的股票，并不是由于他们拥有选择股票的独特技巧。

相反，这些股票的超额收益源于投资组合所固有的某些偏见或因素，譬如更高的股息收益率、更低的市盈率或额外的信用风险。这些因素是广泛、持久性的收益驱动力。[18] 例如，固定收益经理增加高收益公司债券（包括非投资级债券）的资金配置，就有可能战胜债券基准，如彭博巴克莱综合债券指数（Bloomberg Barclays Aggregate Bond Index）。

超额收益并不取决于特定债券的业绩，而是依赖为补偿更高违约风险而要求的增量收益。在我的投资组合实验中，通过减少相对于大盘的跟踪误差，我无意中减少甚至消除了导致特定经理表现优异的因素。把众多不同风格（如价值型、成长型或积极型）基金经理管理的资产结合到一起，我有效地中和了这些因素，从而形成了一个在风格上类似整体市场的投资组合。但由于手续费和交易成本居高不下，我的投资组合依旧业绩不佳。

在经历了这次失望的尝试后，我终于意识到，与其委托主动型基金经理去面对价值偏差之类的特定风险，还不如构建一个包含数千种基础证券的交易型开放式指数基金组合，并评估最有吸引力的市场领域。在新兴市场或小型公司价值股等领域，因为股票的市场价格低于历史估值，这些股票在任何时候都拥有最高的预期收益率。

在这些细分市场中，由于投资者往往过于悲观或恐惧，因而不愿为未来现金流增长支付更高的价格。我对这种方法进行了业绩回测,然后,我和一位合作伙伴筹集资金对此进行了业绩跟踪记录。我们的产品取得了成功,并最终吸引了将近 20 亿美元的客户资产,在 2008 年全球金融危机时期,这已经是非常不错的成绩了。

这款实验性产品的发布完全基于我的个人经验,即股票市场似乎具有微观有效的特征,因为主动型基金经理很难利用股票定价错误的优势;但是在某些情况下,市场则呈现出宏观无效的特征,因为估值似乎与现实完全脱节。于是,市场会出现泡沫,或者资产定价奇低。后来我知道,微观有效和宏观无效的概念也被称为"萨缪尔森规则"(Samuelson's rule),由保罗·萨缪尔森首次提出。[19]

在投资过程中,我熬过一个完整的互联网泡沫周期,这个大起大落的兴衰期始于 20 世纪 90 年代后期,那个时候,与互联网相关的所有股票价格扶摇直上,接连达到难以想象的高估值。我很清楚,主动型基金经理要跑赢大盘是很困难的,但我也知道,市场参与者齐心协力,或许可以把股票价格推高到远远超出合理预期的水平。

换句话说,在某些时候,当投资者的贪婪和他们对错过机会的担心相互结合时,会产生无比强大的动力,让他们心甘情愿地为预期现金流增长支付高昂的代价。

但在其他情况下,对亏损的担心,则会让投资者不加思考地抛售资产,导致估值远低于历史平均水平。我认为,总体上看,投资者的判断更有可能是错误的,而且股票极有可能会被错误定价,只是这种错误定价具体会发生在哪只股票上不得而知。

2000 年 3 月,也就是互联网泡沫即将破灭之际,我所在咨询公司发表了一篇我写的文章，名为《受托人是否应在投资组合中加码成长股？》。为创作这篇文章，我投入了几个月时间，花费大量时间在母校的图书馆里浏览学术期刊，了解投资领域是否确实发生了变化。在前一轮风云变幻的牛市中，我毕竟还只有 5 年的专业投资经验。但这一次或许真的不一样了。

从这些研究中，我认识到，**股票的长期业绩取决于 3 种业绩驱动因素：股利、收益增长率以及投资者愿意为这些收益支付的价格**。每一只股票都有一个隐含的嵌入增长率，并体现在价格上。因此，相比于预期收益增长率低且业绩不稳定的股票，投资者愿意为高预期收益增长率股票支付更高的溢价。这恰恰是问题的核心所在。

只有在股票的实际收益增长率超过这个反映于股票价格中的预期收益增长率时，这只股票的表现才能超过大盘。因此，超常业绩并不是因为公司的收入增长率快于其他公司，而是在于公司的收入增长率是否超过投资者的预期增长率。

对此，我在文章中是这么说的："诚然，互联网的兴起及其他新经济技术的进步确实对资本市场以及我们的日常生活产生了深远影响。毫无疑问，新经济时代的成长型股票估值应高于旧经济时代的价值型股票，因为它们拥有更高的收益增长率。但是，在投资组合中加码成长股的受托人必须认识到，他们的赌注并不是与科技相关的成长型股票是否会改变我们所知的世界。这个问题的答案当然是肯定的。

"实际上，强调成长股的受托人就是在押注：以前，华尔街分析师及其他市场参与者曾高估'旧经济'股票的收益增长率，而今天，他们正在低估这些'新经济'股票的收益增长率。如果投资者愿意参与这场赌博,一个相关问题是:猜对带来的潜在收益是否足以弥补猜错带来的亏损?"[20]

适应性市场假说:市场参与者可能集体犯错

总结作为投资顾问所经历的事情后,我并没有提出新观点。但麻省理工学院斯隆管理学院的金融学教授罗闻全(Andrew W. Lo)提出的新观点让我豁然开朗。在沿袭和拓展有效市场假说的基础上,罗教授提出了适应性市场假说(Adaptive Markets Hypothesis)。该理论指出,在很多环境中,由于股票被合理定价,因此,市场确实有效。但在其他时候,由于环境变化非常大,以至于投资者用来制定投资组合的策略或经验法则是次优的。[21]

对此,罗教授解释:集体智慧取决于个人投资者相互抵消的错误。但如果所有人均以相同方式持续采取非理性行为时,某些错误就不会被抵消。比如说,如果你使用的磅秤始终存在读数偏大的问题,即使采用在这个磅秤多次称重的平均数,也不会让你得到更准确的体重。尽管可以利用错误判断进行套利,但它们归根到底还要依赖于投资者识别错误何时发生。

在许多情况下,这种期望根本是不切实际的。回顾市场历史,"理性"投资者凭借对其判断的自信而做出错误决策的事例不胜枚举,但最终还是在他们未考虑到或无法理解的信息面前落荒而逃。[22]

罗闻全认为,市场参与者在很多时候可能是错误的,从而导致资产类别或细分市场被系统性地高估或低估。适应性市场假说把这种行为定义为次优行为，而不是完全的非理性行为，毕竟，造成这种情况的原因，只是投资者所参照的方法或理论已不适合新的市场环境。[23] 对此，罗闻全提出了大白鲨搁浅海滩的例子。显而易见，大白鲨并不适应这个新环境，因而导致其采取次优行为。[24]

市场参与者可能集体犯错，原因很简单，他们需要在极端不确定的环境下采取行动。为了采取行动，投资者需要构思自己的场景或故事，去描述他们认为将要发生的事情。

伦敦大学学院决策不确定性研究中心负责人戴维·塔基特（David Tuckett）认为："金融资产的价格不能由基本面来设定，这些基本面本身就是未知的，而且它们的未来也同样不可知。相反，它们的价格取决于针对基本面的故事，尤其是在某个时点被市场一致认可的故事。但是，这些被判定为正确且受到追捧的故事往往比基本面变化得更快，因此，资产估值注定也会迅速变化。"[25]

塔基特指出，有时候，这些故事可能会变得完全不切实际，就如同我们在股市互联网泡沫和荷兰郁金香狂潮中所看到的那样。市场参与者如痴如醉地追捧他们心目中的"虚幻对象"——这些对象可能是令人痴迷的观点，也可能是让人疯狂的人或事物。

之所以这样，是它们能满足我们内心深处的欲望，貌似能给我们带来令人叹服的回报。这些理想化的目标萦绕在我们的脑海中，以极大的诱惑力让我们难舍难分，以至于任何妨碍美梦成真的观点或事情，都会招致我们的质疑。于是，人们会把大量净资产投入少数投机活动（如加密货币），这就会导致投资者承担过度风险，这显然不是投资，而是不折不扣的赌博。

本书提出的这 10 个问题有助于我们脚踏实地，不至于沦为“虚幻对象”的受害者。比如说，某些承诺以低风险或无风险即可取得超额回报的投资专业人士和策略，都是典型的“虚幻对象”。因此，在评估一笔具体投资的利弊以及投资成功所需要的条件时，我们应采取更合理、更可行的思路，这固然会招来疑问，但可以让我们不至于过度自信。此外，作为研究的一部分，我们应寻找能提供相悖描述的可靠信息来源。

达利欧：对每个时点的可用信息作出合理反应

回答“你在同谁做交易？”这个问题，有助于我们识别可能导致交易失败的风险，从而规避亏损，毕竟，交易对手不可能总会让我们遂心如意。此外，考虑“你在同谁做交易？”这个问题，还有助于我们避免陷入进退两难的困境。

譬如外汇交易，要赚到利润，我们就必须比出售资产的实体更聪明或掌握更多知识。对于审慎的投资者而言，他们所关注的投资机会不仅要有正预期收益率，而且实现这个收益无须他们一定要比其他投资者更聪明。

出于这个考虑，包括我在内的很多投资者倾向于采用低收费的被动型指数基金或 ETF。这些被动型金融产品旨在实现某个市场的平均收益，而主动型金融产品则试图通过主动选择而战胜某个市场。

投资被动型指数基金并不意味投资者必须在所有投资领域保持被动。罗闻全在《适应性市场》（*Adaptive Market*）一书中提出并解答了一个极富挑衅性的问题："被动型投资者是否必须永远被动地接受风险，而不能享受主动管理的好处？答案是'否'。"[26]

作为一名投资组合管理者，他的部分职责就是向预期正收益和估值最有吸引力的市场领域配置资金，避开大部分投资者过于乐观的领域，因为后者往往意味着投资的未来收益率注定不会很高，这就是风险管理的实质。风险管理的内涵并不是预测未来。

正如对冲基金经理瑞·达利欧所言，风险管理就是"对每个时点的可用信息作出合理反应"。[27]但这并不是说，我们每天、每个星期或每个月都要调整投资组合。相反，这只是说，我们需要随时了解市场环境，关注投资者给自己设计的基本面故事，并在适当的情况下对资产配置进行审慎调整。

◆ 回答 "你在同谁做交易？"这个问题，有助于我们识别可能导致交易失败的风险，从而规避损失，毕竟，交易对手不可能总让我们遂心如意。

◆ 考虑"你在同谁做交易？"这个问题，还有助于我们避免陷入进退两难的困境，它无须我们比出售资产的实体更聪明或掌握更多知识。

◆ 业绩报告服务机构提供的数据表明，要通过识别错误定价股票而超越大盘，显然是一件极其困难的事情；大多数主动型基金经理业绩不佳，即使是那些业绩优异的基金经理，也很难长时间维持超过大多数同行的业绩。

◆ 尽管难以识别定价错误的个股，但市场参与者仍可能是错误的，从而导致某些资产或细分市场被高估或低估。

◆ 投资组合及风险管理的一个重要任务，就是主动向预期正收益和估值最有吸引力的市场领域配置资金，避开投资者过于乐观的领域，因为后者未来收益率不会很高。

杰出投资者的

底层认知

第6章

如何深入评估金融产品?

MONEY FOR THE REST OF US

　　金融产品是指包含特定投资策略的工具、产品或载体。在进行投资之前，我们首先应该能解释一种金融产品的具体属性，包括预期收益率、潜在最大回撤率、流动性、费用、结构和定价等。

查理·芒格

传奇投资大师

如果能够避免一些投资陷阱，一个非常
努力勤奋的人也能够获得比较好的结果。

一位播客听众曾向我咨询过一种他不熟悉的投资。他父亲此时已 97 岁，刚刚因为摔跤而接受髋关节置换手术，当时正在康复当中。他父亲让他帮忙打理纳税事宜。几张报税表中历史的投资名称冗长而混乱，于是，这位听众不得不向父亲的经纪人进行询问。经纪人提供了一些有关这些投资的信息，于是，听众把这些信息转发给我。

其中的一项投资叫作"在美国航空集团、达美航空、西南航空和美国联合大陆控股公司最恶劣情况下可自动赎回的有收益承诺的相关票据"。我花了近一个小时翻阅长达 23 页的补充定价资料，试图了解这笔投资到底是什么。

原来，这是法国巴黎银行（BNP Paribas）发行的私募票据。如果这 4 家航空公司的股票价格较发行价格的跌幅均超过 50%，票据将按 9% 的年利率按月支付利息。票据在 3 年后到期时，如果没有一只股票的跌幅超过 50%，投资者可收回本金。如果只有其中的部分股票跌幅超过 50%，则会按跌幅较大股票的亏损比例减少本金返还额。

最后一点，该票据发行 6 个月后，如果所有股票价格均超过初始发行时的股价，则票据将被提前赎回，而且不再支付任何利息。

一定要远离可自动赎回的有收益承诺票据

在这里，我们可以利用本书已介绍的前 5 个问题对这种票据进行估值，以确定这笔投资是否值得做。

第 1 个问题是"你了解你投资的东西吗？"。通常，对一种拥有这么多字数和 23 页定价补充条款的投资而言，当然无法满足"我是否能向其他人解释清楚？"这个标准。不过，我们还是要深入探讨一下这个例子在其他问题上的解答。

第 2 个问题是"投资、投机还是赌博？"。这个可自动赎回的有收益承诺的票据是否具有正预期收益，从而表明它确实是一项投资？在对收益是正还是负的猜测上是否存在分歧，以至于应该把它归类为一场赌博？我们新人没有办法解答这些问题。票据本身过于复杂，收益也不确定，甚至根本就无法对其进行分类。这也是不应做这笔投资的一个原因。

第 3 个问题"期望收益能实现多少？"。这个方面倒是很简单，票据的年收益率上限为 9%。问题的关键在于，只有在这 4 家航空公司的股票跌幅均不超过 50% 时，票据才能带来收益。如果全部 4 只股票的价格均上涨，则票据将被提前赎回，持有人得不到任何利息收益。从总体上看，在票据被提前赎回之前，持有人只会收到两次利息，这相当于 4.5% 的年化收益率，但还需要扣除 3.5% 的佣金。

这就是说，持有人在 6 个月内的收益率仅为 1%。

至于第 4 个问题"如何管理投资组合的风险？"，票据的最大回撤率（价值损失率）接近 100%，但前提是航空公司或票据发行公司申请破产。尽管出现这种情况的概率很小，但却是真实存在的。美国航空集团的前身公司已在 2011 年申请破产，给股东造成了近 100% 的亏损。[1]

如果其中一家航空公司进入破产状态，股价下跌超过一半从而导致票据投资者潜在损失超过 50% 的概率有多大呢？这将给投资者带来巨大亏损。在 2008 年全球经济危机期间，这 4 家航空公司的股票均下跌超过 50%，其中美国联合大陆控股公司的股价更是下跌超过 90%。[2] 此外，在破产重组后，美国航空集团的股票在 2015 年 3 月 20 日到 2016 年 6 月 24 日之间也下跌超过 50%，而且这还是经济已进入繁荣期。[3]

我们的下一个问题是"你在同谁做交易？"。这个问题的第一个方面是权衡交易对手风险。考虑到这是一种私募票据，交易对手是法国巴黎银行。票据付款的安全性取决于法国巴黎银行的信誉。一旦银行申请破产，由于没有基础资产为票据提供担保，因此，票据持有者只能和其他无抵押债权人一样等待偿还；在这种情况下，他们很可能会丧失全部或大部分投资。

"你在同谁做交易？"这个问题的第二个方面，则要考虑另一种风险：对于这些票据的未来价值和市场业绩，作为卖方的法国巴黎银行还知道哪些不为买方所知的信息？当然是太多了。毫无疑问，法国巴黎银行已对这些票据进行了深入全面的建模测试，以确保银行能从中获得利润，当然也会评估这4家航空公司股票价格在未来3年内下跌50%的可能性。

实际上，法国巴黎银行很可能已对这种风险进行了套期保值（hedging），即使银行最终每年需要按9%利率支付利息，依旧能保证获利。抑或是法国巴黎银行的客户以与票据结构相反的方式下注。因此，法国巴黎银行将对这些航空股的真实表现无动于衷，因为购买相反的客户与票据购买者的盈亏会相互抵消。在这种情况下，法国巴黎银行将通过手续费和佣金收入稳稳地赚取利润。

每年9%的收益率确实非常有吸引力，如果不仔细权衡，我甚至也会认为，在未来3年中，这4只航空股全部下跌超过50%的可能性很小，因为这似乎是一个极端事件。而买入票据的投资者也都会认为，这些航空公司的股价跌幅不可能全部超过50%。至于法国巴黎银行在出售这些票据时，无须对未来做任何承诺，他们只需借助套期保值即可锁定利润。

但我们的投资框架会发出警告：一定要远离这些可自动赎回的有收益承诺的票据。尽管收益率的上限为9%，但这就需要投资者承受相当大的投资风险。遗憾的是，这名97岁的老人并没有这么做。经纪人向他出售了9种票据，每份赚取3.5%的佣金，这部分占客户净值的8%。

根据美国社会保障局提供的数据，97岁男性的预期剩余寿命为2.48岁，在次年去世的概率为30%。[4]换句话说，这些低流动性证券的预期寿命已超过客户。这些票据似乎完全不适合这位已临近人生终点的老人。尽管票据本身易于理解，且预期收益为正，但考虑到客户的剩余寿命已非常有限，因此，流动性不足是一个大问题。考虑到客户年事已高，除非这种应付票据构成遗产计划的一部分，否则经纪人应向客户推荐易于出售的资产，以便客户去世后及时出手。就在这位听众向我咨询可赎回票据的 3 个月后，他的父亲去世了，把这些复杂的投资留给了遗产执行人。

要额外考虑流动性、费用、结构和价格

在回答投资框架中的第 6 个问题"如何深入评估金融产品？"时，需要考虑流动性或者清仓时机的能力。

金融产品是指包含特定投资策略的工具、产品或载体。金融产品既可以是能创造收益的实际工具，如个别股票、债券、公寓楼或可自动赎回的有收益票据；也可以是共同基金、封闭式基金或 ETF 等投资实体，它们由投资顾问为其选择基础股票、债券或其他证券；还可以是 REITs 之类的多层金融产品，它们直接投资公开交易的房地产投资信托基金，而这些信托又拥有办公楼、公寓和零售店等物业并据此收取租金。

金融产品的属性包括预期收益率、收益驱动因素和体现为波动率及最大回撤率的风险。我已在前面章节中介绍了这些属性。假如我们的投资对象是一辆汽车，我们已经分析了这辆汽车的发动机、变速箱和制动器。现在，我们再转向汽车内饰等其他附属性组件。在评估金融产品时，我们要额外考虑的其他 4 个属性分别为：流动性、费用、结构和价格。

流动性

流动性衡量的是我们能否轻易、迅速出售一项资产，出售资产的成本是多少，以及出售后需要多长时间才能拿到钱。例如，股票和ETF具有日内流动性，因为它们可在交易所的整个市场交易日随时出售。开放式共同基金仅在交易日结束时才有流动性，因为它们是在市场收盘后进行交易的。

但即便是日内流动性，并不表示你卖掉资产后马上就能拿到钱。在美国，经纪公司需要在两个工作日后才能把出售股票和ETF等公开交易证券的资金打给客户。[5]

私募基金的流动性自然有所不同，因此，在投资之前，我们必须了解相应的期限或条款，这一点至关重要。对于前面提到的可自动赎回的有收益承诺票据，它只在3年后到期时才具有流动性。如果在6个月的等待期后，全部4家航空公司的股票均等于或超过发行时的初始价格，投资者才能按季度提前赎回。

对一种没有日内流动性的资产而言，是否应该投资的唯一标准，就是该资产是否拥有高于同类公开交易产品的预期收益率，或者是否拥有其他能补偿流动性不足的属性。非流动性溢价是指投资非流动资产要求取得的额外补偿。如果私募基金比类似公开交易证券有更高的预期收益率，那么下一个合乎逻辑的问题就是"为什么"。更高的收益率是如何创造的？

例如，股权型房地产投资信托基金是拥有商业房地产资产的证券，这些资产包括办公楼、公寓、仓储单元、酒店和露天购物中心等零售场所。大多数REITs均按日流动性进行公开交易。房地产众筹平台上也会发售私募性质的 REITs。这些私募 REITs 发起人承诺比公开交易股权 REITs 更高的收益率,他们会告诉投资者,这种方式之所以能带来更高的回报,是因为他们能以更优惠的价格购买商业房地产。他们或许可以做到这些,但是要取得心仪的房地产,这些平台注定还需要与公开 REITs 及其他机构投资者竞争。

私募 REITs 和私募房地产基金的业绩超过公开 REITs 市场的一个重要原因在于,私人 REITs 和基金可以采用更高的杠杆。

美国房地产信托协会(Nareit)发布的报告称,对于公开交易的 REITs,每持有市值 1 美元资产需要承担 35 美分的债务。[6] 相比之下,包括私募 REITs 在内的私募房地产基金的这个比例通常是 1 美元资产承担 50~85 美分的债务。

如果一切顺利,较高的债务水平将为私募房地产投资者带来更高的回报,因为股权投资者投入交易中的每 1 美元都可以购买更多可创造利润的资产。但高负债比例也会带来更大的风险,因为租金和房地产价格下降都有可能加大偿还债务的难度,从而给 REITs 投资者带来违约风险和亏损。

要通过私募投资取得更高的潜在收益,投资者就必须放弃日内流动性。例如,众筹平台允许投资者每季度赎回他们的私募 REITs 持有份额。

在购买后的最初几年里,投资者往往需要支付 2%~3% 的赎回费才能卖出。这笔赎回费相当于为非流动性投资换取流动性的成本。此外,基金管理机构还会限制每季度的赎回份额,并保留拒绝投资者赎回任何份额的权利。[7]

费用

金融产品的费用千差万别。股票和债券之类的个别证券除买进和卖出要收取佣金之外，通常不再收取其他费用，某些投资软件甚至不收取任何佣金。对于共同基金和 ETF 之类的混合工具，投资者通常需要支付管理费和其他费用，这些费用是投资顾问选择基础证券和运营基金所收取的报酬。但并非所有混合金融产品都是收费的。

比如说，富达投资集团（Fidelity Investments）提供几种费率为零的指数型共同基金。免费投资产品的机构需要以其他方式赚钱，譬如对投资附带的其他服务收费。由于竞争相对较少，投资策略更复杂，因此，私募基金的收费往往高于公募基金。

某些私募基金的基准年管理费用甚至会达到资产总额的 2% 或更高，而且还有可能按净利润的 20% 作为基金经理的提成激励费。金融产品的收费降低了潜在收益，作为投资者，我们需要考虑投资对象收费是否值得。我们将在第 8 章更深入探讨投资成本的问题。

结构

金融产品的结构反映了投资的基本运行方式：它采用的是拥有日内流动性的公开交易，还是持续多年无流动性的私募基金？它是由众多投资者拥有相关股份的混合工具（如共同基金），还是被构造成一个单独管理的账户，由理财顾问为这个账户选择个别证券？与独立管理的理财账户相比，混合工具通常具有较低的费率和较低的投资限额，但在确认税收损益方面，它们赋予投资者的控制权也相对较低。

粗心的投资者可能会选择年底购买共同基金发行的新股，但他们马上就会惊讶地发现，当共同基金在 12 月底进行大规模资本利得分配时，尽管这些投资者并未真正参与收益分配，但依旧需要对应收的资本利得纳税。此外，这些收益也可能是因为其他投资者卖出基金而带来的，这就迫使基金经理不得不出售证券来满足他们的赎回要求。换句话说，其他投资者采取的行动会给混合基金中的全体投资者带来额外成本。

尽管如此，大多数个人投资者和很多机构投资者还是会选择 ETF 和共同基金等混合型基金，毕竟，这些金融产品可以为他们提供更多的选择权，享有日内流动性，而且费用总额相对较低。尤其是当个股爆雷的时候，基金可以降低个股暴跌的冲击。

金融产品需提供描述投资结构、条款和其他特征的发行文件。公募基金根据需要提供招股说明书，私募基金则需要提供发行备忘录。在进行新的投资之前，投资者应详细阅读这些发行文件。它们也是回答"你了解你投资的东西吗？"这个问题的最佳资料来源。

价格

在评估金融产品时，最后一个需要考虑的特征，就是如何确定它的价格，以及这个价格是否等于投资的价值。

对于股票等金融产品，其价格由在证券交易所等二级市场进行买卖交易的投资者决定；债券等金融产品的价格由交易商确定，他们在评估市场需求及类似证券价格的基础上确定债券发行价格；至于开放式共同基金之类的金融产品，其价格由投资发起人根据基金所持有基础资产的价值确定。

一种金融产品的价格并不总能反映其真实价值。正如我们在前述章节中所讨论的那样，一笔投资的现值是其未来收入流按今天美元价值计算的价格，这个收入流可以体现为股息或利息等形式。

由于未来收入流存在不确定性，因此，投资者当然不可能确定价格是否等于内在价值。但对于具体金融产品而言，价格和价值概念还有一个超越理论价值的层面。

在某些情况下，金融产品的市场价格可能不等于体现于个别基础资产的价值之和。比如说，金融产品的市场定价可能是每股 100 美元，但该工具所拥有的资产价值之和可能是每股 110 美元。这意味着，这种金融产品的实际出售价格比基础资产价值低 10%。

分析 3 种常见基金的资产净值

对于共同基金、封闭式基金和交易型开放式指数基金之类的混合型金融产品，它们的价值被称为资产净值（NAV）。资产净值的计算方法是首先从包括现金在内的基金资产价值中减去负债总额，再把余额除以流通在外的股票总数。

共同基金

共同基金为小资金客户提供投资机会，并可随时兑换成现金。共同基金发起人需逐日计算交易日收盘时的资产净值，并将每股市场价格设定为等于资产净值。这意味着，交易基金时所采用的市场价格始终等于基础资产的每股价值，即资产净值。共同基金可以通过发行新股份或注销旧股份而达到推动投资者购买和赎回的目的。发行在外的股份总数与基础投资者的需求密切相关。

因此,可发行的潜在股份总数是无限的。正因为这样,我们把采用这种经营方式的共同基金也称为开放式共同基金。

封闭式基金

封闭式基金和开放式共同基金构成很像,它们都是由负责选择股票、债券和其他证券的专业基金经理所打理的混合型基金。封闭式基金与开放式共同基金的不同之处在于,封闭式基金发行的股份数量是固定的。封闭式基金通过首次公开募股(IPO)发行股份向投资者筹集资金。

随后,封闭式基金经理采用基金招股说明书介绍的策略开展基金运营。在首次公开募股后,投资者要交易该基金,只能在证券交易所的二级市场上买卖相关股份。由于封闭式基金的价格取决于投资者在二级市场上对固定数量股票的交易,而不是由基金发行人决定的,所以,股价往往不等于资产净值。封闭式基金通常以高于或低于资产净值的价格进行市场交易。

例如,2018 年 10 月,在美国的封闭式基金市场上,全部基金的平均折价率为 6.73%。[8] 也有少数封闭式基金的溢价幅度超过 25%,而且至少有 一只基金的溢价幅度超过 50%。[9] 因此,当封闭式基金的市场价格超过基础资产价值 50% 的时候,在经济原理上显然无法给出合理的理由,但溢价确实存在。

在 2018 年,美国共同基金的投资总额为 18.7 万亿美元,ETF 投资总额也达到 3.4 万亿美元，相比之下，封闭式基金的投资总额要小得多，只有 2 750 亿美元。[10] 封闭式基金收取的费用远高于共同基金和 ETF，而且大多数封闭式基金为提高收益率而采用杠杆。此外，大多数封闭式基金持有者均为个人投资者。

这就是说，当你在购买或出售封闭式基金时，交易的另一方通常也是和你一样的个人投资者。考虑到交易所交易的封闭式基金主要由个人持有，而且大多采用杠杆，尽管它们也拥有与股票类似的特征，但其波动性显然大于开放式共同基金。

在市场震荡期，封闭式基金的折价率往往会随着个人投资者抛售股份而扩大。购买折价率远超历史平均水平的封闭式债券基金或许是一项有吸引力的投资，因为投资者可以在折价率收窄的过程中取得利息收入。正因为这样，我才认为，交易封闭式基金比交易外汇和大宗商品更具吸引力，获利概率更高。

投资封闭式基金时，你不是在与机构或算法竞争，而是与其他个人投资者竞争。由于持有期间能取得收入流的缘故，因此，大多数封闭式基金的预期收益率为正，也就是说，这种投资不是零和游戏，它不像外汇或商品期货一样，每个输家的背后都有一个赢家。当然，封闭式基金的投资者也要意识到可能潜在的风险，较高的成本和杠杆率也会在市场低迷期间放大亏损。

ETF

ETF 是一种旨在寻求资本市场特定指数或某个细分市场收益率的有价证券组合，它包括大盘股股票、债券或 REITs。大多数 ETF 跟踪被动型管理指数，如针对美国大盘股的标普 500 指数或小盘股的罗素 2 000 指数。

在 1993 年，世界上第一只 ETF 推出之前，要被动投资于特定的市场领域，投资者只能选择指数共同基金。ETF 与开放式共同基金类似，在流通股份的总数量上没有限制；与开放式共同基金不同的是，ETF 和封闭式基金一样，可在交易所的交易日内全天交易。

ETF 在各种混合型基金中的特殊之处，就在于它的新股份创建能力。回想一下，开放式共同基金发行人只能在交易日结束时根据当天买卖订单创建或赎回股份。

而 ETF 则不同，通过与大型机构投资者以及被称为授权参与者（authorized participant）的金融公司紧密合作，发起人可在整个交易日及当天结束时创建和赎回股票。授权参与者可以是摩根大通、高盛、花旗集团和摩根士丹利这样的大型投资银行。[11]

ETF 发起人每天发布一份"成份股组合"（creation basket）的清单，列出基金选择的各种股票及其权重，代表 ETF 所持有的证券组合。如果 ETF 发起人将 ETF 股份转让给授权参与者，以换取与成份股组合相近的证券组合时，就创建出新的 ETF 股份。

同样，当 ETF 发起人以具有相同成份股组合的证券组合换取由授权参与者持有的 ETF 股份时，相当于赎回 ETF 的股份。这些新发行和被赎回的 ETF 股份被称为创设单位（Creation Unit），每个创设单位通常应包含 25 000 ~ 250 000 份 ETF 股份，故机构投资者以及资产规模较大的个人投资者才能参与 ETF 的实物申购、赎回。

在交易日内和交易日结束时，授权参与者与 ETF 发起人之间进行的这些实物转让（in-kind transfer）有助于让 ETF 的市场价格与资产净值保持一致。在整个交易日内，ETF 发起人每隔 15～60 秒发布一次资产净值数据。

如 ETF 的资产净值与价格存在差异，机构投资者可以买入或卖空 ETF 股份，与此同时，买入或卖空与 ETF 指定成份股组合具有相同结构的基础证券组合，从而获得基本无风险的利润。卖空（short selling）也是一种投资技术，其实质就是出售向其他投资者借来的投资证券。

如果投资证券的市场价格下跌，投资者在平仓时就会获利，因为他们可以按较低的价格回购投资证券，并返还给最初出借的所有者，借来价格与回购价格的差额构成做空投资者的利润。

假设某个 ETF 在公开市场上以每股 50 美元的价格出售，但资产净值为每股 55 美元。这样，授权参与者可在公开市场上按 50 美元的价格买入 ETF 股份，向 ETF 发起人换取每股价值 55 美元的成份股证券。然后，这些以实物形式收取的证券可在公开市场上出售，这就为授权参与者锁定了每股 5 美元的利润。在公开市场上，购买 ETF 以锁定无风险利润的需求会在非常短的时间内将 ETF 价格推高至 55 美元，让 ETF 的市场价格与资产净值恢复同步。

反之亦然，如果 ETF 的市场价格为每股 55 美元，而每股资产净值为 50 美元，授权参与者可借来投资证券，并以每股 55 美元的价格卖空该 ETF。

另外，授权参与者可以购买每股价值为 50 美元的成份股证券，并向 ETF 发起人换取新的 ETF 股份；与此同时，投资者将这些新发行的 ETF 股份返还给最初借来投资证券的账户，对空头仓位进行平仓。由于授权参与者在公开市场上按每股 55 美元的价格出售借来的 ETF 股份，但为平空头仓位而向 ETF 发起人购买新发行 ETF 股份时，价格为每股 50 美元，授权参与者就锁定了每股 5 美元的利润。

同样，在授权参与者锁定这个无风险利润的时候，会形成足够的 ETF 股份抛售量，从而在非常短时间内，ETF 股份的价格下降到每股 50 美元，让 ETF 的市场价格与资产净值再次保持一致。

一次典型的具有复杂适应系统特征的市场雪崩

尽管 ETF 类型的迅速增长为投资者以超低成本投资诸多不同资产创造了机会，但这种便利并不是无风险的。相关研究表明，ETF 的增长加剧了 ETF 所追踪指数及其所持有投资证券的价格波动性。[12] 这种波动性的加剧在很大程度上源自授权参与者的交易，为赚取实时 ETF 市场价格与资产净值的价差，他们会进行更多的交易。

标准普尔刊登的一篇文章指出，这种人为增加的交易活动"可能会消耗证券的流动性，而且在消耗量占市场可用流动性比例较大时，会导致价格偏离基本面所支持的水平"。[13]

换句话说，随着越来越多的交易活动只是为了被动维持 ETF 价格与投资证券内在价值的同步性，而不是投资者基于证券内在价值而进行的交易，从而导致证券价格不断偏离基本面，这些交易活动就会对 ETF 价格产生不可忽视的影响。

做市商（market makers）和授权参与者不仅需要最新的相关价

格信息，还需要通过交易 ETF 及其投资证券而促进 ETF 市场的平稳运行。在市场震荡、价格波动剧烈的时期，市场流动性可能会枯竭，从而导致市场价格与资产净值严重背离，当某些证券（包括 ETF）的价格超出规定价格区间时，甚至会导致这些证券的交易中断。[14]

在交易中断而无法取得准确的证券价格时，ETF 的定价机制会因授权参与者的抛售而崩溃，进而导致严重的价格错配。

这种类型的"闪崩"（flash crash）曾在 2015 年 8 月 24 日出现过。这是一次典型的具有复杂适应系统特征的市场雪崩。回想一下，一个复杂适应系统由各种相互关联的输入和代理构成，这些输入和代理随着时间推移而不断地适应和学习。在系统进化过程中，复杂的交互作用可能会带来意想不到的结果。

2015 年 8 月的那一天，在美国股市开盘前，全球股市即已普遍下跌 3% ~ 5%，导致美国股市开盘时，按实时市场价格执行的卖单量激增。发布的报告称，当日早晨报出的市场卖量超过平均水平 4 倍。到上午 9：40 时，部分股票根据熔断机制而暂停交易，导致纽约证券交易所近一半股票尚未开始正常交易。[15]

因短期价格剧烈波动而对个别股票和 ETF 暂停交易的措施是 2010 年 5 月 6 日"闪崩"事件后实施的，那时很多股票和 ETF 暴跌超过 50%，并在大约 36 分钟后反弹。[16]

超过 1 300 只股票被实施个股停牌，使得授权参与者无法进行正常的交易活动，以至于 ETF 价格脱离资产净值。[17] 由此带来的重大价格偏离导致部分 ETF 跌幅超过 20%，而这些 ETF 所跟踪的指数仅下跌 5% 左右。

追踪相同指数的 ETF 也出现明显的价格差异，[18] 这些价格差异表明，投资者抛售 ETF 股份过程中，部分的执行价格大大低于他们的预期价格，而且远低于 ETF 在当天晚些时候的交易价格。[19]

算法高频交易的显著增加，可能会在未来带来更严重的闪崩。

在提供给客户的报告中，高盛银行联合首席市场经济学家查尔斯·辛梅尔伯格（Charles Himmelberg）写道："在未知来源的冲击导致价格突然下跌时，高频交易者（high frequency trader）可能有理由认为，这一冲击是由基本面消息推动的。比如说，价格下跌是在一个复杂的宏观意外事件或重大政策声明之后出现的。在这种情况下，高频交易者的风险更大，因为他们更有可能被拥有更多基本面信息的交易员所淘汰。因此，他们的最优反应，应该是通过扩大报价区间或完全撤回报价而回收流动性。"[20]

缺乏流动性可能会导致价格下跌，进而导致部分证券中断交易，从而阻断 ETF 授权参与者的交易活动。这种中断随后有可能带来恶性循环，高频交易者拒绝交易，市场流动性进一步降低，造成价格进一步下跌，随后更多交易中止，ETF 价格下跌与被追踪的基础指数下跌的不一致性继续加剧。[21]

ETF 看似简单但潜藏诸多复杂性

尽管 ETF 看起来似乎简单易用，但表面之下潜藏着诸多复杂性。作为基金经理的职责之一，就是保证交易过程中取得最有利价格。在买卖 ETF 及封闭式基金等其他在交易所交易的证券时，切勿下达以实时市场价格交易证券的市价订单。市场是瞬息万变的，因此，订单的执行价格可能完全不同于计算机在下单时显示的价格。相反，我们应指定愿意购买或出售某种证券的意向价格，这种订单被称为限价订单。在大多数情况下，我们指定的价格应介于出价（bid price）和要价（ask price）之间。

如果你准备抛出股票，出价就是当前报价；如果你想买入股票，要价就是当前报价。在正常的市场环境中，交易应按指定限价执行，但如果某种原因再次导致闪崩，我们可以采用限价指令避免按不符合预期的价格执行买卖订单。

迄今为止，与ETF相关的闪崩大部分已被断绝，价格差异可在数小时内得到解决，因而不会给长期ETF持有者带来资产损失。因此，我在自己的个人投资组合中继续持有ETF。但我还是会密切监控市场发展动态，确保闪崩的频率不会加快，风险不会继续发酵。

作为投资组合的管理者，我们需要深入研究相关金融产品的招股说明书或发行备忘录，尤其要关注它们的费率和流动性供给，毕竟这两者在不同金融产品之间相去甚远。

◆ 金融产品是指包含特定投资策略的工具、产品或载体。金融产品的具体示例包括股票、债券、REITs、ETF、共同基金和封闭式基金。

◆ 金融产品的属性包括预期收益率以及体现于潜在最大亏损、流动性、费用、结构和价格等方面的风险。

◆ 共同基金、封闭式基金和ETF是具有日内流动性的金融产品。ETF和共同基金对流通股总数不设上限，而封闭式基金的流通股总数是固定的。

◆ ETF和封闭式基金的价格由在证券交易所等二级市场进行交易的投资者决定。封闭式基金的价格可能与资产净值存在很大差异。ETF通过实物转让机制创建和赎回股份，并通过该机制确保价格与资产净值在正常市场下保持一致。

◆ 在极少数情况下，比如在闪崩期间，ETF的定价机制彻底失灵，导致ETF的资产价格波动与其所追踪指数波动之间出现严重偏离。

◆ 我们可以使用限价订单确保在交易ETF及其他证券时取得最优价格。

杰出投资者的

底层认知

第 7 章

需融合哪些收益驱动因素?

MONEY FOR THE REST OF US

所有投资都有各自的收益驱动因素,如收入、现金流增长率、杠杆及其他决定业绩的特征。所有成功的投资组合都源自前述各种收益驱动因素的某种结合。

霍华德·马克斯

橡树资本创始人

所有跟踪既定资产的投资者对资产内在价值都有而且也应该有自己的看法。

在第 4 章,我曾提到美联储前主席本·伯南克导师,他说:"如果你从不想错过任何一次航班,就要更早地赶到机场。"[1]错过航班可能会彻底破坏我们的旅行计划,正因为这样,我们还是应该尽早抵达,但也没必要太早。

我也曾经错过很多次航班,但唯有一次误点给我留下了深刻印象。在那一次,我居然在去机场的路上迷路了。那时,我住在辛辛那提,从事投资顾问业务。因为当时的辛辛那提北肯塔基国际机场是达美航空的主要枢纽,机票价格之高是众所周知的事情。

因此,我偶尔会自己开车到辛辛那提机场,把车停在那儿,搭乘一辆单程出租车到肯塔基州列克星敦的机场,再乘飞机返回辛辛那提。我在辛辛那提下飞机后,开着自己原先停在那里的车回家。这个近乎荒谬的行程通常可以为我节省 600 美元或更多的机票成本,尤其是在飞往新奥尔良拜见几家咨询客户的时候,节约的费用更多。

列克星敦机场并不紧邻主要州际公路,它位于城市西部郊区,并只有一条乡村公路连通。在一次前往列克星敦机场的行程中，我决定不走连通辛辛那提和列克星敦的 75 号州际公路，而是抄近路前往机场。当时还没有手机地图这样的应用程序，而且我搭乘的出租车也没有 GPS 装置，我甚至没有带地图。因为以前走过这条路，我觉得自己应该大致记得列克星敦机场的位置。

我在长满蓝草的山间小路上行驶，栅栏后的牧场上有游荡的马匹。穿越这片田园风光之后，走到这条路的尽头，我需要选择向左还是向右。但是继续行驶 30 分钟后，我显然迷路了。那天还是阴天，我无法通过太阳的位置判断方向。所以，我只能让司机继续开车前进，希望能看到机场的空中交通管制塔或是进入主干道。

45 分钟后，距离登机的时间所剩无几，我开始有点惊慌失措，但依旧无计可施。又过了 30 分钟，我终于赶到机场，但为时已晚。我错过了航班，不得不打电话给客户，告知对方我因为"行程延误"而不得不取消当天的晚餐计划。

尽管迷路，但我并非完全不知道东南西北。毕竟，我知道自己当时就在肯塔基州的机场附近，只是不知道确切位置而已。美国历史上最著名的拓荒者丹尼尔·布恩（Daniel Boone）曾说过："尽管我曾经迷路了 3 天，但我不会一生都迷失在森林中。"[2] 那就是我当时的情景：并没有完全迷失，只是找不到方向。

在本书前面，我曾提到风险决策专家安妮·杜克的话："真正好的决策，并不是因为它产生了好的结果。相反，良好的决策来自合理的决策过程……"[3] 错过航班确实是糟糕的结果，但是在很多情况下，这些糟糕的结果往往不是我们能控制的，比如，我们搭乘的航班晚点，导致我们错过转机时间。因此在去机场的途中迷路而错过航班是糟糕过程的结果。作为投资者，我们不能决定投资组合的结果，但可以通过良好的过程来提高获得有利投资回报的概率。

这就是本书所述 10 个问题构建投资框架的价值所在。在投资前回答这一系列问题，就是一个能帮我们清除不良投资的过程。此外，这个过程还可以帮助我们鉴别有吸引力的投资机会。作为这个投资框架的第 7 个问题，回答"需融合哪些收益驱动因素？"可以让我们厘清到底是什么会带来有利的投资结果。虽然我们无法控制一项投资最终取得正收益，但至少可以了解这笔投资取得成功所需要的条件。比如说，我们都知道，与没有收益的投资相比，以利息、股息或租金等形式创造收益的投资更有可能取得正收益。

还有一次，同样是因为过程不利，尽管载我的优步（Uber）司机有地图导航，但依旧在前往布鲁克林爱彼迎租车点的途中迷路了。优步司机的手机均安装了一款应用程序，为他们抵达终点提供全程的实时指南。但这位司机似乎没有足够的耐心听从程序提供的导航。交通阻塞会让他心浮气躁，因而不等到指定的路口，他就提前转弯，但未必会转向我们的目的地。在这种情况下，应用程序会重新设置到目的地的最短路线。

司机的方法存在一些问题：首先，他根本就不知道自己身在何处，因而只能完全依赖应用程序提示下一步的行动；其次，应用程序不允许对地图进行放大操作，不能从更大的视野了解自己当前的位置，因此，在提前转弯时，他并不知道自己是在靠近还是远离目的地；最后，这位司机似乎不懂英语，所以，每当我想帮忙时，会让他觉得更烦躁。

在绕行了大约 25 分钟后，我们稀里糊涂地开上正处于布鲁克林高地的 278 号州际公路上，由于车流缓慢，我们已很难离开高速公路。于是，我们只能顺其自然。直到这时，这位司机才清醒过来，不再和应用程序较劲；于是，按照程序的导航，我们最终抵达目的地。

但是在投资中，显然没有这种实时导航确保我们取得成功。但有些经验法则或许可以帮助判断，我们是否正在朝着正确方向前进。这些经验法则可以让我们保持清醒的头脑，扩大视野，从更全面的角度对各种投资机会的潜在回报、风险及收益驱动因素作出判断。收益驱动因素是决定投资业绩的基本属性。

我们可以把这种具有导航形式的要素称为"寻路"（wayfinding）。如果我们忘记自己是寻路者并认为结果确定无疑时，作为投资者，我们注定会遇到麻烦。

模糊的正确胜过精确的错误

美国探险家刘易斯（Lewis）和克拉克（Clark）都是寻路者。在探索美国西部，寻找通往太平洋最便捷的路线时，他们手里并没有详细的地图。但他们手里有自己的寻路工具，比如指南针、计算经度的天文钟和一本书——《球面几何学和航海天文学实用入门》（*A Practical Introduction to Spherics and Nautical Astronomy*）。

这些寻路工具确保他们在总体上沿着正确方向前进。刘易斯和克拉克在探险装备上花费了 2 324 美元，包括船、桨、露营用品、衣物、药品和防身武器。此外，他们还购买了准备送给印第安人的礼物，包括 4 600 根缝纫针、130 卷烟草、288 把刀、288 个黄铜顶针、144 个小剪刀和 25 个几磅重彩色珠子。[4] 在寻路时，我们需要为意外做好准备。

20 世纪初，英国哲学家和逻辑学家卡夫斯·雷德（Carveth Read）提出的观点或许是最适合寻路者的座右铭："宁愿模糊地说对，也不要精准的错。"[5] 在我们的投资框架中，第 7 个问题有助于我们判断，投资成功与否取决于模糊的正确还是精准的正确。如果投资的成功需要我们做到完全正确，即使只是有一点点错误，我们也不会成功，而且有可能会遭受亏损。

我们已经探讨过部分要求我们正确投资才能赚到利润的案例，包括外汇、大宗商品期货和二元期权。它们都是零和游戏，也就是说，每个赢家的背后都会有一个输家。要依靠这些投资取得成功，往往要求我们比其他投资者更聪明。投机通常都要求我们对未来作出完全正确的猜测。

对于黄金、艺术品或加密货币等非创收型资产，只有在投资者将来愿意支付更高的价格时，我们才能从中获利。而创收型资产除价格上涨之外，还有另一个收益驱动因素：如果投资者选择为未来收入流支付较低的费用，创收型资产价格就会下跌，但投资者仍可获得正收益，因为创收型资产带来的利息或股利足以抵消价格的下跌。

并非所有投机都是不当的，但前提是投机只占个人净资产的一小部分。比如说，我们家有一些古董家具，它们有可能升值，也可能不会升值。但即使这些家具贬值，那也没关系，因为它们毕竟是有使用价值的，而且给我们带来很多享受。我也在金币上做过投机。黄金已经存在数千年，它们可以用作抵御通货膨胀的保值工具。从长期看，黄金的升值幅度远超通货膨胀率，但并非每年都是这种情况。黄金的增值速度完全有可能会在较长时期内滞后于通货膨胀率，因为只有在投机者愿意支付更高的价格时，黄金才会升值。

我相信黄金的价格在未来会上涨，但我也很清楚，投资黄金也是一次特别的赌博——要赚钱，我就必须做到完全正确。但考虑到我完全有可能犯错，因此，我必须保证配置给黄金的资金足够小，避免投机失败造成的个人财务亏损影响到我的正常生活。回想一下，一项投资的亏损不仅体现于潜在亏损，还反映在亏损对个人造成的伤害。

巴菲特持有苹果股票，因其认为价值被市场低估

如前所述，决定大多数投资（不同于投机）收益的 3 个驱动因素：

1. **现金流**：分配给资产所有者的利息、股息或租金收益；

2. **现金流增长率**：收入流或现金流随时间增长的速度；

3. **估值变化**：投资者现在和以后为获取收入流而愿意支付的价格。

这些收益驱动因素可以解释投资为什么会带来正的预期收益。获得这些收益的最简单方法，就是采用指数共同基金或 ETF。这些被动型金融产品可以让我们持有一篮子资产，这样，我们就不必担心个别基础资产是否因其市场价格等于内在价值而被错误定价。回想一下，内在价值或现值是投资未来收入（如股息或利息）在今天的价格。

不购买指数共同基金或 ETF 的话，就是主动去尝试识别市场价格低于内在价值的股票。此时，因为我们已不再仅仅满足于取得整个市场的平均收益率，这就大大增加投资取得成功的复杂性。在这种情况下，我们寄希望于通过选股而取得超额收益，因为我们坚信，市场价格是错误的，投资者共识也是错误的。

著名财经作家及橡树基金（Oaktree Capital）联席董事长霍华德·马克斯（Howard Marks）写道："所有跟踪既定资产的投资者对资产内在价值都有而且也应该有自己的看法。而资产的市场价格则反映了这些看法的共性，也就是全体投资者共同决定了资产的市场价格。它是买卖双方愿意达成交易的价格。买家之所以会购买，是因为他们认为，按当前价格考虑，这是一笔明智的投资；而卖方之所以卖出，是因为他们认为资产已被完全定价，或者说定价过高。"[6]

毫无疑问，个别股票的价格并不总是被正确定价，股票价格不可能始终反映其内在价值。但问题在于，我们是否有能力找到这些被低估的股票？我们真的比其他投资者更聪明吗？尽管大多数专业投资者无法跑赢大盘，但他们中有些人跑赢了大盘，而且也有业余投资者跑赢大盘。但是要收获这种超额收益，就要求我们完全正确。

我播客的一位听众安德里亚曾在邮件中告诉我：

> 我在您的播客和很多其他场合都听到过这样一件事："投资个别股票的唯一原因，就是你认为市场错判了它的价格。"我想知道，您真的这么认为吗？我之所以这样问，是因为我觉得还有很多买入个股的原因，比如说，税收规划、寻找并

> 投资我非常喜欢的产品或公司、规避共同基金和 ETF 的收费、取得我们无法通过 ETF 或共同基金实现的高股息。有时候，我们只是想拿出一点"闲钱"玩一玩。[7]

我非常认同安德里亚的说法：买卖个股确实很有趣，但你认为市场判断有误是投资个股的唯一原因吗？事实证明，这并不是唯一的原因，它只是一个主要原因，而且也是最重要的原因。

我最初回复安德里亚的是：我确实真的相信这一点，被市场低估是购买个股的唯一理由。在后来以电子邮件形式发布的投资资讯中，我提到与纽约一位发型师讨论购买个股的原因，这位发型师也是我经常拜访的客户之一。

我滔滔不绝地说了一连串套话：购买个股的唯一原因，就是市场对公司前景的共同认识是错误的。但发型师显然不同意我的这一观点，随后又提出了有力的事实论据，说明他为什么认为苹果公司的股票被市场低估，还提到巴菲特也持有苹果公司股票的事情。

但是从定义上说，如果一家公司被市场低估，只能说明这家公司当前的价格是错误的。

实际上，这位发型师正在以这种正确的方式认识这个问题。他对苹果公司进行了分析，并认为投资者低估了苹果的持续经营能力和赢利增长潜力。公司股价应反映其未来股息的现值或是以美元现价表示的价格，而未来股息则取决于公司的未来收益。如果未来收益和股息高于投资者的共同预期，公司的每股内在价值就会高于当前价格。这也是市场定价错误和股票价格被低估的另一种说法。

"价格虚高"是一剂毒药

我相信，确实有很多股票的定价是错误的，其中就包括很多价格过高的股票。罗伯·阿诺特及其同事指出了一些价格过高的股票。

在 2000 年之初，美国十大科技股的市值合计占标准普尔 500 指数 25% 的份额，这十大科技股分别是微软（Microsoft）、思科（Cisco）、英特尔（Intel）、IBM、美国在线（AOL）、甲骨文（Oracle）、戴尔（Dell）、太阳微系统（Sun）、高通（Qualcomm）和惠普（HP），但它们显然辜负了过分乐观的投资者。

在接下来的 18 年里，在这 10 家公司中，无一只股票的业绩跑赢大盘：5 家公司取得了正收益，年均复合增长率为 3.2%，远低于大盘的总体收益率；在收益率为负数的 5 家公司中，平均收益率为每年亏损 7.2%，整整比标准普尔 500 指数低 12.6%，还有两家公司甚至破产。[8]

这些股票之所以表现不佳，是因为一些投资者对于其收益增长作出了过高的预期。但这些公司并未达到投资者的预期，导致股价下跌或涨幅不及市场平均水平。

低估值的股票，涨幅往往超过整个市场

还有一些股票由于太便宜而被错误定价，它们的价值显然被市场低估了。投资者的共识可能是错误的，以至于个股价格因投资者过于悲观而不能反映其内在价值。当投资者过于悲观而股票却出人意料地

上涨时，一些投资者则愿意以更高价格进行股票交易。

于是，这些股票的价格继续上涨，而且会超过整个市场。反之，如果投资者过于乐观而公司业绩意外下跌时，在总体上，投资者就愿意以较低价格进行交易。于是，公司股价下跌。当投资者的自我认知或者说他们讲给自己的故事发生变化时，也就是不断有惊喜和打击涌现，股票价格每天都会据此作出反应。

一方面，从长期来看，影响个股的这些意外惊喜和突然打击相互抵消，因此，整个股票市场的业绩主要取决于股息收益率以及股息在长期内的增长趋势。但另一方面，市场的总体估值也可能会发生变化，因为投资者愿意为这些收益和股利支付的价格有高有低。但相对历史平均水平而言，某类资产会变得更便宜或更昂贵。

在阅读了我的投资资讯后，安德里亚回复如下：

我认为你的说法让我非常失望。我之所以会投资个股，是因为这些股票得到了市场的公允定价，而且它们注定会跑赢大盘。

举个例子：几年前，我准备为一同工作的大人和孩子们购买20份圣诞节礼物，但又不想花大价钱。我去了购物中心，并看到一家以前从未见过的新商店，名为"五元店"。我在这家商店买齐了全部需要的礼物，还有一些我忍不住想买的其他物品。这确实让我感到很惊讶，回到家后，我对这家公司进行了一番研究。我发现，这是一家刚刚开业的新公司，没有任何债务，店内出售的所有商品价格都不超过5美元，而且他们目前正在全国范围进行业务扩张，公司的财务状况看起来不错。

于是，我买入这家公司的股票。我认为，市场对我买入这只股票的价格设定绝对不存在任何问题。但我肯定会想，如果公司业务继续向好发展，而且其他投资者也像我这样喜欢他们的商业模式，公司的业绩表现完全有可能会超过市场预期。

这是一场赌博：一方面，它们有一个强大的竞争对手——亚马逊；但另一方面，很多人需要抽空为孩子的生日聚会或其他活动购买礼物，而且又没有太多的时间去思考和选择，因此，等待亚马逊的发货似乎不太现实。事实证明，我的想法确实没错，但这是否意味着，在我买进股票的时候，市场犯错了呢？[9]

我是这样回复安德里亚：我当然相信，在她买进股票时，市场对这家公司的定价是错误的。而且我重申，股票的理论价格或正确价格是其未来股息的现值或今天的美元价值，而股息则取决于公司的未来收益。因此，股票价格应该表明，公司的未来将一片光明，而且越来越多的人会到他们的店里购物。

也就是说，股价中已经包含了增长预期。**要取得超过大盘的业绩，股票的收益增长率就必须超过其他投资者根据市场价格及市盈率所假定的增长速度，它必须给市场带来意外的惊喜。**如果公司未达到赢利预期，它会给市场带来意外的打击，并最终走势落后于市场；就像前面提到的美国十大科技股，在网络泡沫达到顶峰之后的 18 年里，它们的业绩始终落后于大盘。

但安德里亚马上作出反击。她在邮件中写道："我当然了解股票定价中的现值和增长假设这些概念。但我认为把这作为原因的'唯一性'肯定不正确。"[10] 然后，她提到自己曾经购买过的两只股票以及买入的原因，"2013 年，我买入国防承包商雷神公司（Raytheon）的股票，因为我想为自己的投资组合进行对冲操作，以防出现战争或地区冲突之类的事件。但考虑到并没有发生这样的冲突，市场是否应该以这种方式定价呢？"

她指出，在 2018 年美国与叙利亚的战争发生后，雷神公司的股票大涨，她在 2013 年购买这只股票的时候，当然不会预见到这样的事情。她继续说：

> 2016 年，我购买了面包店花卉食品公司的股票，我的初衷是获取股息，而且取得一种能在价格开始上涨时迅速重新定价的产品，从而达到对冲通货膨胀的目的；此外，无论在什么环境下，人们都要购买主食，因此，这只股票有助于规避经济衰退的影响。在上周市场发生崩盘的那一天，这只股票依旧逆势而涨，因此，我相信自己购买这只股票的目标已经实现了。另外，我购买这只股票，也是为了替代债券及其他固定收益产品，因为债券和固定收益产品在当时的收益率几乎可以说聊胜于无。因此，尽管我不指望这只股票跑赢大盘，但目前还不打算卖掉它。[11]

这些观点确实让我无言以对。她之所以买入个股,并不是因为她认为市场价格不合理,而是为了对冲风险,确保投资组合的安全性,防止不可预见的宏观或政治事件。她认为,如果发生类似的意外事件,投资者对这些股票的需求会发生变化。

保护投资组合免于不可预见事件的影响,或许是她购买个别股票的有效理由,但这种做法本身仍会带来过度集中的风险,一旦股票业绩不能达到预期,损失是无法弥补的。

因此,为免受不可预见事件的影响,我喜欢持有具有不同收益驱动因素的多种资产,而不是依赖于某只个股。在这个问题上,安德里亚既是自己投资组合的制定者,也是风险管理者。她用自己的资金配置不同的资产,包括她认为会在不同经济和市场条件下有不同表现的各种股票。她的投资组合拥有多元化的收益驱动因素,因此,她不会因为投资的股票同时下跌而带来无法弥补的财务损失。

股息投资策略有可能降低未来收益率

再回头看看我们提到的 3 个收益驱动因素,我们为什么不买进现金流快速增长且价格低廉的高收益资产呢? 遗憾的是,在当今高度互联的世界中,这 3 个条件很少能同时满足。与低股息股票相比,高股息股票往往伴随着相对较低的收益增长率,因为低股息股票或根本不派息的股票可以把更多收益再投资于高成长机会。同样,高收益增长型企业的股票通常比收益增长缓慢的公司的股票市盈率要高。

内德·戴维斯研究公司(Ned Davis Research)的专业人员进行

了一项长期性市场研究。在这项研究中，他们将美国股票市场分为两大类：支付股息的股票和不支付股息的股票。

根据公司在过去 12 个月的股息政策，他们把支付股息的股票又进一步分为三个类别：公司的股息是持续增加、保持不变或削减？研究区间最早追溯到 1972 年，在研究区间的大多数时间内，支付股息的股票市场表现不仅优于未支付股息的股票，而且超过按平均加权标准普尔 500 指数衡量的美国股市整体表现。[12]

在这项研究中，不支付股息的股票在业绩表现上滞后于整个股票市场。这表明，虽然非付息公司的收益增长速度可能超过支付股息的公司，但如果以市盈率衡量，为这些股票支付高倍价格的投资者往往会失望，因为这些公司并没有兑现股票价格所反映的高增长期望。

于是，这些曾经飞速上涨的股票通常会在后市出现下跌，并最终落后于整个市场，因为此前乐观的投资者已不愿接受按高市盈率得到的市场价格。在内德·戴维斯研究公司的研究中，业绩最好的股票包括开始发放或继续增加股息的公司，而表现最差的股票则是减少甚至完全取消股息的公司。[13]

内德·戴维斯研究公司逐月调整研究对象，确保各细分指数的结构平衡，由于交易成本的存在，导致这种股息策略在现实投资组合中很难实施。但有些交易型开放式指数基金试图复制那些只包含股息持续增长型公司的指数。例如，"标准普尔 500 高收益股息贵族指数"（S&P 500 High Yield Dividend Aristocrats Index）是一个由 100 多家公司组成的指数，在过去 20 年里，这些公司每年都在增加股息。从长期看，该指数的业绩优于以标准普尔 1 500 指数衡量的美国股市，但如果扩大时间区域，该指标也存在业绩落后大盘的时候。[14]

与大多数投资策略一样，股息投资同样受市场青睐。在投资者偏爱股息持续增长型股票的时期，他们愿意为股票支付更高的价格，从而推高股票的估值，并降低了股息收益率。

相对于同时包含付息股票和非付息股票的更加多元化指数策略，股息投资策略有可能降低未来的收益率。

取得业绩溢价的驱动因素

对股息进行再投资是一种试图以创造高收益而战胜整体股市的投资策略。这种高收益被称为因子（factor），它是一种普遍性、持久性的收益驱动因素。经济增长和通货膨胀是影响资产表现的宏观因素，此外还有交易因素，它们都属于可带来超过整体市场业绩的持续性收益驱动因素。业绩溢价的取得并不是通过识别个别被定价错误的股票，而是通过投资一篮子具有相似特征的股票而实现。

比如说，价值是一个能在长期内创造出超越整个股票市场业绩的因子。价值之所以是推动业绩的有效因子，是因为投资者会对处于困境期企业的增长前景过于悲观；而对高成长公司则会过于乐观。这会导致价值股价格过低，为未来价格意外上涨创造了空间，而成长型股票则会过高定价，从而为意外下跌埋下伏笔。当然，价值投资也可能会经历长期落后于大盘的时期。因此，从某种意义上说，价值溢价（value premium）是对投资者必须忍耐亏损的一种补偿。[15]

"智能贝塔"（Smart Beta）是一种通过系统性利用可交易因素获取溢价的投资策略。除了价值策略之外，其他智能贝塔策略包括投资蓝筹股票、低波动性股票或价格走势强劲的股票。智能贝塔策略面对的一个重要问题在于，智能贝塔策略的日益盛行和成本增加会带来超额收益，但在现实中很难与实际增长要素带来的超额收益区分开来。如果相对于股票市场的超额业绩源于智能贝塔策略的成本增加，这可能意味着智能贝塔策略在未来可能表现不佳。[16] 此外，智能贝塔策略的潜在超额收益也可能被交易成本、税收和管理费所稀释。[17]

成功的投资取决于对不良债务进行有效重组

为完整解答"需融合哪些收益驱动因素？"这个问题，我们不仅需要理解收益率、现金流增长率以及现金流倍数变化等基础资产类别的驱动因素，还要了解当前市场状况。霍华德·马克斯曾指出："尽管预见未来非常困难，但了解现在并不难。我们需要做的事情，就是'测试市场温度'。只要保持足够的谨慎和敏锐，我们就可以评估周围环境的行为，并据此判断我们应采取的对策。"[18]

几年前，我曾投资一个由朋友开发的学生公寓项目。遗憾的是，这位朋友在项目完成之前去世了。一名新开发商同意接管该项目。在电话会议中，新开发商及其员工介绍了他们制作财务建模的假设。

在房地产投资中，一个关键指标就是资本化率，也称为资本收益率（cap rate）。资本化率等于项目的年度净营业利润除以项目的成本或价格。净营业利润是项目收入扣除税收、物业管理费等营业费用后获得的收益。当时，在大学城类似项目的资本化率为 5.75%。而新开发商对资本化率的基准假设为 6.25%，他和员工针对租金、入住率和资本化率的变化进行了敏感性分析。他们在敏感性分析中采用的资本化率区间为 5.75% ~ 6.75%。

在我看来,最恶劣情景下的资本化率为 6.75%,因为我注意到,学生住房项目的资本化率在 2009 年达到 7.75%,而在 2003 年则超过 8%。[19] 于是,我问新开发商,如果资本化率增加到 8%,项目赢利情况会如何呢?他认为这是一个不切实际的假设,但他也承认,如果资本化率达到这个水平,项目在出售时就会亏损。出售会造成亏本的原因在于:除非租金上涨,否则提高房地产项目资本化率的唯一方法就是项目本身价格下降。如果资本化率达到 8%,这个学生公寓项目的收入将低于建造成本。

此时,对于这些隶属大学城且能带来现金流的稳定资产,机构投资者有着极为强烈的需求,这就推高了项目估值,进而压低了收益率。由于该项目市场价格始终走强,而利率上升则会导致资本化率飙升,从而造成房地产价格持续下降。

尽管存在资本化率上涨的风险,但考虑到我的这笔投资规模较小,因此,我并没有考虑退出,而是继续参与,而且我很想看看这个项目最终到底会怎样。事实证明,这是一个不错的决定,因为新开发者不仅有能力完成项目,而且实现了全部公寓被出租。

但朋友的不幸逝世也提醒我,有些投资高度依赖某个人的能力。如果这些人另谋高就、生病甚至去世,投资就会面临风险。作为投资顾问,在与基金经理讨论投资的时候,我都询问备用计划,以防投资主要负责人"意外离开"。私人房地产开发依赖特定个人的努力,如果我们购置租赁房地产,甚至就依赖我们自己的努力。在我的朋友被诊断出患有脑癌之前的几个月，我曾和他共进午餐。他心情不错，很乐意向我提供这个学生公寓项目的最新信息。

确诊癌症的 8 周后，朋友便撒手人寰。遗憾的是，直到他去世，运营协议也没有对备用计划作出明确约定。我之所以只拿出一小笔钱投入这个项目，是因为我知道，他是一个人在奋斗，项目能否取得成功几乎完全取决于他的个人努力。

对房地产项目这样的私人投资，成功依赖于我们自己或他人的努力，由于这些项目的收益驱动因素与公开市场无关，因而可以成为分散风险的有效金融产品。几年前，我和妻子拉普里尔也在这座大学城购置了一套独户公寓，并与承包商合作，将其改造成三层公寓，以便出租给学生。考虑到当地大学的入学人数正在增长，我们购置这套物业的价格是非常有吸引力的。

因此，投资的成功并不取决于对市场动态的敏感度，而是依赖于如何进行审批流程以及确保把改型开销纳入预算。我们的初衷是留下 3 套房子用作出租，但未能找到合适的物业管理公司。在跨年夜那天，我还花了很多时间修理热水器，这件事最终让我意识到，管理租赁物业不是我喜欢做的事情。于是，我们断然卖掉这套物业，彻底退出租赁房地产业务，还赚了一笔钱。

在这个具体交易中，我们没有使用杠杆——通过借款购置房产或支付装修费用。杠杆确实可以提高房地产项目或其他投资的收益率，但一笔好的投资应该能在无杠杆情况下创造可观的回报。必须依赖杠杆才能成功的投资项目，显然具有更大的风险，因为万一出问题，保护投资者的安全边际就会大大减少。

另一个不依赖公开市场的收益驱动因素是处理陷入困境的不良债务的投资机构，他们的经营模式就是购买破产或濒临破产企业的债务。这些不良债权的买入价格通常只有未清偿债务原始成本的20% 或 30%。成功的投资结果取决于对不良债务进行有效的重组，从而让投资者收回的债务超过他们支付的收购成本——比如说，每收购 1 美元债务可带来 50 美分的收益。收益驱动因素并不取决于整个债券市场的状况，而是取决于债务相关各方能否达成协议。

多重收益的驱动要素

有些投资结合了若干收益驱动因素。比如说，一个房地产项目不依靠杠杆作用也能取得经济收益，但开发商希望使用杠杆提高收益率。另一个例子是"可携阿尔法"（portable alpha）投资策略，即基金经理通过购买期货进入股票市场，并将剩余资产主动投资于其他策略或工具——如短期债券甚至对冲基金。

一笔投资的结果取决于影响业绩的基本驱动因素。作为投资者，我们可以将大部分资金配置给具备可靠收益驱动因素的投资，譬如拥有良好的收益率、现金流增长率、强大的个人投入以及价格极富吸引力的投资，从而提高投资取得成功的概率。

反之，那些要求我们必须做到百分百正确或是超越其他投资者的投资和投机项目，则是最不可靠的收益驱动因素。成功的投资组合需要多种收益驱动因素的相互融合。

◆ 在投资中，不存在能始终确保我们走向成功的实时指南。相反，我们是寻路者，有些投资框架和经验法则或许可以帮助判断，我们是否正在朝着正确方向前进。

◆ 收益驱动因素是决定投资业绩的一项重要投资属性。

◆ 可靠的收益驱动因素包括收益率、现金流增长率以及股息再投资和价值投资等交易要素。不可靠的收益驱动因素包括杠杆率、寻找被低估股票以及对非创收型资产（如黄金和古董）的投机活动。

◆ 投资者的集体认识可能是错误的，这就导致个别股票的价格不能反映其内在价值。有时候，投资者对公司的前景会过于乐观，但有时候又会过于悲观。

◆ 在长期内，影响个股的这些意外惊喜和突然打击相互抵消，因此整个股票市场的业绩主要取决于股息收益率以及股息在长期内的增长趋势。

◆ 成功的投资组合是由投资者事先确定的诸多可靠收益驱动因素的有机结合。

第 8 章

谁在暗中侵蚀投资收益?

MONEY FOR THE REST OF US

杰出的投资者必须认识到,很多实体机构会以管理费、手续费和税收等形式拿走一小部分收益。因此,我们应该确保有足够的收益支付这些费用。

约翰·博格

指数基金之父

—— MONEY FOR THE REST OF US ——

我们本应获得的收益，早已经被各种名
目繁多的费用，吞噬掉近一半。

如前所述,我曾提到一位播客听众意外发财的故事:他所在的公司对公众投资者发行新股,让他出人意料地白赚 150 万美元。这位听众想知道该如何处理这笔不菲的意外之财,于是他聘请了一位理财规划师。我们也对这位理财规划师制订的计划进行了分析。

12 个月之后,这位听众在电子邮件中对我说:"我那时太乐观了,以至于听不进任何建议,只是想买进更多的股票,毕竟在过去一年中,我所在这家公司的股票价格上涨超过一倍。在我的净资产中,绝大部分(相当于 400 万美元中的 240 万美元)都配置给了股票。"

他卖出部分股票购置了一套新住宅;由于股票业绩持续走强,这次出售股票让他欠下了 70 万美元的资本利得税。

此外,他还采用衍生品合约进行保值操作,以防股价暴跌(而最终的结果也的确如此)。他在电子邮件中问:"这表明,如果扣除应纳税额,这些股票的实际价值应该是 170 万美元。如果考虑到不可避免的纳税义务,你如何看待自己的资产净值呢?"[1]

这位听众说得没错，确实需要调整净资产来反映应纳税额。在投资中，我们总是以为投资收益完全是我们自己的，但总有各种形式的税收从我们手中夺走一部分来之不易的利润。

虽然公民承担纳税义务是合情合理的，但成功的投资不可避免地要承担更多的纳税义务。如果开始就能认识到，某些投资收益不是真正属于我们的，因此，支付这些税款也就更容易接受。政府有权利在我们的收益中分得一杯羹。

在我们的投资框架中，第 8 个问题是"谁在暗中侵蚀投资收益？"——比如说，谁在以收费和征税形式拿走我们创造的部分投资收益。厘清一笔投资的成本或许并不容易，因为要支付多少钱以及向谁支付这些问题并不总能搞清楚。

曾经有人告诉我，他们的股票经纪人从不收取任何费用来管理他们的资金。但是在我要求看看他们的投资组合时，真相一览无遗：持有的金融产品通常会包括共同基金，而共同基金在交易基金时会收取相应的佣金或委托费。共同基金通常需要向基金经理支付一笔持续性的营销发行费，称为 12b-1 费。尽管股票经纪人可能不会明确收取一笔具体的咨询费，但他们当然要取得自己的报酬。

详细解读 3 个方面的投资费用

投资费用可分解为 3 个方面：

1. 交易费（trading costs）；

2. 咨询与基础管理费(advisory and management fees);

3. 日常管理费(administrative fees)。

这些费用有时单独收取,有时也会打包收取。譬如,共同基金或 ETF 的费率同时覆盖基础管理费和日常管理费。此外,共同基金还有可能收取前端销售费,这笔费用经常被视为交易成本,但实际上是支付给投资顾问的报酬。有些私募投资合伙企业向合伙人收取纳税申报、法律费甚至是筹款费用等日常行政费用。

作为投资者,我们有时甚至根本就不知道存在这些费用。因此,不妨让我详细解读一下这 3 个费用类型。

交易费

交易成本是指为进入或退出投资而支付给股票经纪人或投资顾问的报酬。有时候,这些成本明确体现为买卖股票的交易佣金,但有时候是看不见的,譬如当交易商或股票经纪人在向投资者出售债券时,会在实际债券价格基础上附带加价。此外,交易成本还包括股票经纪人在购买某些共同基金收取的交易费。

但好消息还是有的,过去 20 年,购买证券佣金率的下降已经让个人投资者尝到实实在在的甜头。现在,大多数经纪公司对数百种交易型开放式指数基金不收取佣金,而且很多经纪公司还提供针对股票和其他证券的无佣金交易。对这些免收交易佣金的经纪公司来说,他们的目的是希望客户最终会接受能为其公司带来收入的产品或服务。除了佣金外,经纪公司还可通过多种方式创收。

比如说，经纪公司可以将订单转移给交易执行服务，并对订单流收费，从而达到创造收入的目的；经纪公司还可以通过融券业务赚取费用，这项业务可以让投资者借入证券，从而实现做空交易，如证券的市场价格下跌，那么投资者以较低的市场价格买回该证券归还经纪公司，从而赚取利差；此外，经纪公司还可以通过保证金贷款赚取利息，保证金贷款是一种提供给投资者的贷款，帮助投资者使用借入资金买入证券，从而利用杠杆效应放大投资收益率；最后，有些经纪公司对客户的未投资现金余额支付零利率或低于市场标准的利率，从而最大限度地留住保证金贷款的利息收入。

因此，在按保证金贷款收取的收益率和对客户账户现金余额支付的利息率之间，这些经纪公司能长期维持较大的利差。

咨询与基础管理费

咨询和基础管理费是针对委托专业人士管理具体投资而向后者支付的酬金。这种费用包括理财顾问为管理客户投资组合而按资产规模收取的费用。此外，管理费还包括每天从共同基金或 ETF 中扣除的费用，作为投资组合管理团队管理资产而取得的酬金。这些费用构成共同基金或 ETF 费率的一部分，通常需要在招股说明书中作详细说明。咨询费包括进入或退出投资所收取的佣金或费用，它是支付给理财顾问的费用，而不是执行交易的经纪平台收取的费用。

与经纪佣金类似，竞争加剧和技术进步也在促使咨询费用的比例不断下降。投资公司协会（Investment Company Institute）发布的报告称："主动管理型股票共同基金的平均费率从 1997 年的 1.04% 下降到 2018 年的 0.76%。指数型股票共同基金的费率也从 1997 年的 0.27% 下降到 2018 年的 0.08%。"指数股权 ETF 的费率也有所下降，从 2009 年的 0.32% 降至 2018 年的 0.20%。[2]

日常管理费

日常管理费是支付给经纪公司、基金公司和退休计划管理机构的费用，作为后者从事跟踪投资、编制和提交财务报表、准备纳税文件以及开展与客户账户管理有关的其他管理任务所取得的报酬。

弄清投资需要收取的费用以及潜在收益

专业投资人士和股票经纪人凭借其服务而收取报酬是理所应当的。但作为投资者，我们需要认识到，支付投资成本会减少我们的投资收益。在股票和债券的预期收益率处于较低水平时，投资费用率提高往往会造成收益率按更大比例下降。

因此，我们首先应该清楚，一笔投资需收取哪些费用，然后再确定这些费用能否带来合理的潜在收益。

在第 5 章，我们曾提到，大多数主动型基金经理的业绩落后于大盘。当投资很可能无法达到目标收益率时，我们最好避开向主动型基金经理或共同基金按资产规模支付 0.5%～1.5% 的年度管理费；相反，我们可以投资复制目标基准收益率的指数型共同基金或 ETF，他们的收费标准通常仅为资产规模的 0.15% 甚至更低。富达投资集团甚至提供了零费用的指数型共同基金。[3]

在扣除费用的基础上，如果基金经理的业绩超过特定细分市场基准收益率的概率很高，把资金配置给他们或许是有道理的。

此外，如果找不到可行的指数型共同基金或 ETF，也可以采用主动型管理基金。例如，我本人更愿意把资金交付给主动型债券管理人，委托他们选择非投资级债券，而不是投资于高收益债券 ETF，因为我相信，这些管理人完全有能力规避对债券更有可能违约的公司，从而提高扣除费用后的业绩。

此外，我也投资封闭式基金。封闭式基金的费用非常高，正是出于这个原因，只有在折价率超过平均水平时，我才会考虑买进。如果基金按 15% 的折价率出售，即使扣除 2% 的费率，仍有可能给投资者带来可观的收益。

对于以追求收入为目标的封闭式基金，我习惯于从封闭式基金的可派发股息率扣除总费率，从而得到扣除费用后的潜在收益率。可派发股息率是按近期各月或各季度分配的股息换算得到的年化股息率。从可派发股息率中扣除年费率，我就可以将封闭式基金与其他费率较低的投资方案进行比较。

聘请理财顾问就万事大吉了吗？

是否应该聘请理财顾问为我们打理投资组合呢？帮助理财的同时，这些理财顾问每天按资产规模的 0.8% 或更高的比率收取费用，这笔开支是否值得呢？这取决于你聘请理财顾问的原因。很多理财顾问负责设计全面的理财规划，并为顾客提供投资组合建议，他们通常按项目收费或按小时收费。在你准备退休时,这些建议或许会让你受益匪浅。只要接受他们提出的理财规划,你可以独立管理自己的投资组合,不必向理财顾问支付后续费用。

但有些人会聘请理财顾问长期打理他们的投资组合。这些理财顾问确实有助于他们在动荡的市场环境下调整好自己的情绪。能做到心平气和显然是聘请理财顾问的一个正当理由。

如果你聘请理财顾问的理由,只是希望借助他们的专业选择能力取得超越股票或债券市场的平均业绩,这样的理由显然不够审慎。实际上,拥有战胜市场的技能和信息洞察力的专业投资人士少之又少。真正有经验的投资专家倾向于高收益金融产品,如对冲基金。对成功的对冲基金而言,对账户的投资门槛非常高,最低资产通常需要达到甚至超过 1 000 万美元。

优秀的理财顾问可以为你提供有价值的见解,并在你准备和应对生活中的财务困境时与你合作。此外,合格的理财顾问会充分披露自己的服务成本水平以及相关投资的费用。更重要的是,一名有职业素养的理财顾问绝对不会承诺跑赢市场,因为真正能兑现这种承诺的人寥寥无几。

最大限度减少税收成本的策略

在最初涉及投资生涯的时候,我曾为一家医疗事故保险公司提供服务。有时,我真觉得不知道该如何应对这家客户。在公司投资委员会的成员中,基本都是比我大几十岁的医生,他们习惯于从不同的视角看待投资。他们非常关注投资组合的税后收益以及投资业务在保险公司财务报表中的反映方式。尽管任何收益都需要纳税，但在他们的眼里，能体现在财务报表中的收益显然比未实现收益更有价值。

在公司的损益表中，利息和股息反映为收入，而未实现收益则不会出现在损益表中。对这家客户，我最喜欢的一件事，就是委员会成员在佛罗里达州珊瑚墙小镇召集的星期五例会。

届时，我可以带上一个孩子，到那里享受温暖的阳光，在海滩度过一个愉快的周末。但客户后来与位于密歇根州的另一家保险公司合并，于是，会议地点也移到了兰辛。

此前，我的大多数客户属于非营利组织，因而无须考虑税收。但这家保险公司客户希望我在季度报告中计算出投资组合的税后收益。为此，我需要在保险公司的收入中扣除税收，并在投资增值中减去资本利得税，从而得到应纳收益。这是一个非常费力气的手工计算过程，但通过这种练习，我开始清楚税收对投资收益的影响。

个人减少税收的最佳方法，就是仅在符合长期资本利得税率处理方法后出售资产，从而规避适用较高的短期资本利得税率。而最有效的方法是持有交易型开放式指数基金，而不是主动型共同基金。从共同基金或 ETF 基础仓位的交易频率出发，投资组合的周转率越低，共同基金或 ETF 所承受的税收效率就越高。

如果主动型共同基金迅速升值并达到基金经理设定的目标价格，他们就会在持有期不到一年的情况下出售基金股份；或是在投资主题发生变化时，基金经理也会出售所持股份。在这两种情况下，出售基金股份都可能带来短期可能需要纳税的资本收益。除非 ETF 跟踪的基础指数成份股结构发生变化，否则，ETF 很少会出售所持股份。

此外，当 ETF 发起人用证券组合换取由授权参与者提供的 ETF 股份时，相当于发起人可以赎回 ETF 股份（如第 6 章所述），此时，ETF 发起人就有机会以低成本将证券转让给授权参与者，通过证券转让减轻税收成本。较低成本的基础意味着，证券发生了很大升值，因此，如果在此时出售，必将会形成可观的应税收益。[4] 反之，如果业绩不佳，或者投资者正在把资金从主动型共同基金转向被动型指数基金，从而进行大量的股份赎回，共同基金就需要在公开市场上出售其持有的股份，这就会给其余股东造成额外的资本利得税。

作为个人投资者，我们还可以利用具有递延纳税属性的节税工具和免税投资，最大限度地减少税收成本。金融从业者和学者普遍认同，将债券和 REITs 等高收益资产纳入递延税款账户，并在应税账户中持有股票，可以减少税金，从而增加投资组合的税后价值。因为针对个人股息和利息收益的税率高于资本利得税率。

如果把高收益投资纳入递延税款金融产品，并将高成长、低收益的投资纳入应税账户，投资者每年承受的税收成本就会降低，从而让资产组合在更长时间内实现增值。[5]

当然，我不是税务专家，因此，各位还可以利用更多的资源去调整与税收相关的投资策略，包括询问你的税务顾问。此外，税务顾问还可以帮助投资者判断，是否应在投资组合纳入部分免税投资（例如美国市政债券）。

美国市政债券是由州、地方政府和学区发行的债务性证券，为道路、公用事业基础设施和学校等市政公共项目提供资金。大多数市政债券享受免征联邦税的待遇，而且在很多情况下还可以免征州和地方税。对市政债券的估值方法与第 3 章所述的债券估值方法相同，分析的重点在于收益率、期限和信用质量。

对市政债券而言，如果要和应税债券在一个公平竞争环境中进行比较，还需要进行一项调整：把市政债券、基金或 ETF 的到期收益率或 SEC 收益率除以 1 减去投资者边际税率的余额。

比如说，假设市政债券基金的 SEC 收益率为 2.9%。对边际税率为 35% 的投资者来说，该市政债券基金的税前收益率应该是 4.5%，即 2.9%/（1−35%）= 4.5%。然后，投资者即可把经过税收调整后的收益率与具有相近信用质量和利率敏感度的应税债券基金 SEC 收益率进行比较，以判断对市政债券基金的投资是否合理。

投资组合的再平衡

成本影响收益的另一个重要投资领域，就是投资组合的再平衡。再平衡的实质，就是出售业绩良好且相对目标结构存在超权重持有的资产，并就出售收益配置给业绩始终欠佳且相对目标结构存在持有权重不足的资产。当然，这里有一个假设：每种投资或资产类别都有一个可实现的目标权重，是否存在这个目标取决于你的资产配置方法。我们将在下一章探讨资产配置的问题。

作为一名机构投资顾问，我主要服务于两种类型的客户：有些客户不是我能做主的，因为我只是为他们提供建议，但最终还是由投资委员会或公司员工制订和执行计划；其他客户则会采取全权委托方式——也就是说，由我们的投资组合管理团队代客户制订并执行投资决策。

对非全权委托人而言，投资再平衡是一个没有最终答案的话题。对这些客户而言，我们需要按时进行再平衡决策，比如说"我们每年对组合进行一次再平衡调整"。再平衡也可能按最低目标权重进行，例如，"只要某个资产类别偏离目标权重 20% 以上，我们就需要进行再平衡调整"。如果把最低权重作为一个决策标准，另一个需要考虑的维度，就是投资组合资产类别超出目标区间的频率。

对于与我合作的这些非营利组织而言，由于交易费用较低，而且均属于无须支付资本利得税的实体机构，因此，他们的再平衡成本非常低。但对个人投资者而言，情况或许并非如此。我偶尔会在听众的电子邮件中看到这样的情况：多年来，他们始终在其应税投资组合中持有某些证券，如个别股票或指数基金。这些证券的税基非常低，这意味着，如果在实施再平衡策略时出售部分证券，就会带来可观的应税收益。在税收成本较大的情况下，投资者就需要权衡包括税收和交易费用在内的再平衡成本与潜在收益。

在这里，请回答 3 个问题：第一，需要以新投资赚取多少利润，才能弥补出售旧投资的成本？第二，收回这项成本需要多长时间？第三，如果现有资产价格暴跌，会带来多大的财务损失？当单只股票在投资组合中占有相当大比例的情况下，第三个问题尤其明显。

在考虑应优先选取的再平衡策略时，显然不存在绝对正确的答案。齐尔柏林·杨（Zilbering Yan）、科林·雅各内蒂（Colleen M. Jaconetti）和小弗朗西斯·金尼利（Francis M. Kinniry, Jr.）以先锋集团（Vanguard）名义发表过一篇介绍投资组合再平衡最佳实践的文章。他们在分析中指出，投资组合实施再平衡的频率（表示为月、季或年）都不会对风险调整后的收益产生重大影响。但他们也注意到，再平衡事件的数量增加了交易成本。

他们得出的结论是："对由股票和债券构成的大多数多元化投资组合而言，依据目标资产配置结构，对调整频率（如年度或半年度）及目标权重（变动幅度为 5% 左右）进行合理监督，并在此基础上制定再平衡策略，不仅可以充分地控制风险，而且在长期内无须采取过度频繁的再平衡行动。"[6]

对我们的全权委托客户而言，我和投资组合管理团队需要为他们制定并执行投资决策。这些客户在具体资产类别目标的选择上非常灵活，因此，作为投资组合管理者，我们的职责就是根据投资条件制定审慎的投资组合决策。当客户增加或赎回基金份额以及投资条件发生变化时，我们需要循序渐进地调整投资组合的结构。

我们会出售部分因目前业绩良好但收益前景暗淡而需要调整的资产类别，并购入价格低于历史平均水平且预期收益较高的资产类别。这是一种更具流动性的投资组合管理方法，而不是假设存在需要密切遵循的最佳投资组合目标的刚性再平衡方法。这也是我目前为自己管理投资组合的方式。

通货膨胀：隐形杀手

目前，我们探讨了显性的投资成本，譬如收费和税金等。而通货膨胀则是一项不会在招股说明书或委托经纪协议中披露的成本,原因很简单,它并非由金融服务公司引致并收取的费用。通货膨胀是因价格随时间上涨而造成的购买力萎缩现象。当货币供应量的增长速度超过商品和服务供应量的增长速度时,就会引发通货膨胀。大部分货币供应量的增加主要来自银行发放的新贷款。

投资者应了解以消费物价指数衡量的现行通货膨胀率,以便于对比他们的总投资收益率是否超过通货膨胀率。超过通货膨胀率的增量收益率被称为真实收益率。因此,为弥补通货膨胀造成的购买力下降,我们的投资必须取得正的实际收益率。

以大学捐赠基金为例,他们的最低目标收益率通常为每年从投资组合提取的收益百分比与通货膨胀率之和。比如说,如果每年的支出率为 4%,预期通货膨胀率为 3%,他们的最低目标收益率将为 7%。如果满足这个收益率目标,且通货膨胀率达到预期的 3%,每年支出率为 4%,捐赠基金凭借未来 20 年支出取得的收益率,应等于今天按通货膨胀率调整后的收益率。如果捐赠基金的收益率超过 7%,使得扣除支出后的真实收益率为正数,从现在起的 20 年后,支出带来的收益率将高于目前的净收益率。

对个人投资者,我们也可以进行类似的分析。假设我们的投资组合为收益率低于通货膨胀率的现金等价物,按通货膨胀率调整后,由于投资组合的真实收益率为负数,因此,资产价值将会缩水。反之,假设投资组合全部为股票,尽管这个组合更有可能在长期内取得正的真实收益率,但也会经历一段真实收益率为负的时期。比如说,如果股价下跌 60%,这就会给已退休或接近退休的投资者带来重大亏损。

投资组合管理就是将多个不同资产组合在一起的过程，管理的根本目的在于，利用这些资产类别为投资组合创造出正的真实收益，并最大程度减少因重大市场危机造成的财务损失。

有效的成本管理

包括交易成本、咨询费、管理费、税金和通货膨胀在内的所有投资成本都会降低我们的投资收益率。尽管这些成本是我们无法规避的，但我们完全可以对其进行有效的管理。成本管理的出发点，就是首先了解我们需要支付的费用，并确定投资是否能带来足以补偿这些成本的收入。

是否有办法降低成本，进而增加扣除收费后的税后净收益呢？考虑到投资成本持续下降，而且可以采取节税效应的方案，因此，我们往往还有其他选择，例如投资交易型开放式指数基金。在考虑调整投资组合时，我们还需要从费用和税金等方面计算退出投资的成本，并确定新投资机会需要多长时间才能收回这些成本。

对于由企业出资的养老金缴款计划，我们首先需要确定不同组合方案的成本，并将投资集中于成本较低的方案。然后，我们再使用税后工资追加这类投资，与此同时，我们还要牢记一个最基本的节税策略：对高收益投资采用具有递延纳税属性的储蓄工具。

◆ 投资费用可以分为交易成本、咨询费和管理费。这些费用会降低我们的投资收益，因此，我们必须确保有足够的收入弥补这些费用；否则，我们就寻找成本更低的方案。

◆ 优秀的理财顾问可以为你提供有价值的见解，并在你准备和应对生活中的财务困境时与你合作。此外，合格的理财顾问会充分披露自己的服务成本水平以及相关投资的费用。更重要的是，一名有职业素养的理财顾问绝对不会承诺跑赢市场，因为真正能兑现这种承诺的人寥寥无几。

◆ 任何成功的投资都需要纳税，但我们也可以采取合理手段将税收成本压缩到最低。

◆ 投资组合再平衡的实质就是出售业绩良好且相对目标结构存在超权重持有的资产，并就出售收益配置给业绩始终欠佳且相对目标结构存在持有权重不足的资产。触发再平衡的条件可以是资产超过既定的百分比标准，也可以按预先设定的时间表进行，还可以采取更灵活的再平衡方法。

◆ 个别投资者可适当调整资产类别的组合，克服通货膨胀造成的隐性成本，从而为投资组合创造正的真实收益率。

杰出投资者的

底层认知

MONEY FOR THE REST OF US

第 9 章

如何构建适配的投资组合?

MONEY FOR THE REST OF US

多元化的投资组合由具有不同收益驱动因素的各种各样的资产构成。我们不应把资产配置视为投资组合结构最优化问题的唯一答案。

相反,我们应充分运用既定的指导方针和经验法则,最大程度发挥我们的创造力,去构建与我们的知识、兴趣和价值观保持一致的投资组合。

哈里·马科维茨

诺贝尔经济学奖得主

—— MONEY FOR THE REST OF US ——

如果我们认为投资的多元化是投资过程的一个合理原则，我们必须舍弃仅仅使预期收益最大化目标。

在本书介绍的投资框架中，大多数问题均对应于个别投资。但投资显然不是孤立事件。实际上，这些问题共同决定了投资组合的总体收益率。反映在我们的投资框架中，就是第 9 个问题"如何构建适配的投资组合?"。作为投资组合的管理者，我们需要在不同投资机会之间做出合理的资产配置决策。那么，我们应如何决定需要投资哪些资产以及为每一种资产配置多少资金呢?

"最优"投资组合

我们所说的传统资产配置方法以现代投资组合理论为基础。这个金融理论是由哈里·马科维茨（Harry Markowitz）于 1952 年提出，并最终成为 20 世纪 50 年代初到 70 年代初的一系列理论根基。凭借这一理论，马科维茨在 1990 年获得诺贝尔经济学奖。毫无疑问，现代投资组合理论迄今依旧是当代金融的基石。

现代投资组合理论的基本观点可以表述为：在既定的风险水平下，存在一个能带来预期收益最大化的最优投资组合（即股票、债券、房地产和其他资产之间的构成比例）。在现代投资组合理论中，风险被定义为收益率的波动性，即收益率围绕平均收益率或预期收益率的波动性：高点和低点的对比。而标准差则是根据现代投资组合理论评估资产配置模型波动性的统计变量。

为了采用现代投资组合理论进行资产配置研究，我们需要为各种资产确定预期收益率和预期波动性。此外，我们还需假设这些资产类别之间的相对变动情况。各资产类别收益率沿相同方向变动的一致性程度如何，或者沿相反方向背离的程度怎样？这种相互之间的关系被称为相关性（correlation）。

基于这些条件，我们可以使用优化模型计算股票、债券、房地产及其他资产之间的最优组合，在既定波动水平下可带来最大化预期收益的资产配置。最优投资组合的分布图——在不同波动水平上具有最大化预期收益的资产配置，被称为有效边界（efficient frontier）。

在我还是投资顾问时，我最早的客户是一家新大学捐赠基金及其他非营利组织，其实，我应该按现代投资组合理论进行资产配置研究。这样，客户就选择位于有效边界上的最优投资组合。这个最优投资组合必须能给客户带来足够的收益，他们不仅能在今天有足够的支出，而且在考虑通货膨胀后的未来，也能有足够的资金维持相同或更高的支出。但预期收益率又不能太高，否则，投资委员会及其他利益相关者会无法承受高风险投资组合遭遇的短期贬值波动。

对那些正在为退休而储蓄的人来说，他们的基本目标往往是确定最优投资组合，让他们能以适当复利维持现有及未来储蓄的增值，从而有足够的资产维系退休后的生活费用。但这个预期收益率又不能太高，以免让他们对价格波动丧失容忍度。否则，他们就有可能在重大市场下行期间或之后惊慌失措，大举抛售风险资产。

资产配置研究的结论在很大程度上取决于设置投资条件。在第3章，我曾对一位理财顾问的做法提出疑问：他仅仅依靠历史收益，便为我的听众制定一份理财规划。

尽管使用历史波动及相关数据并非不可接受，但完全依据各类资产的历史收益率提出投资建议，很有可能会产生误导。正如我们在前述章节中所提到的那样，当前债券收益率、股息收益率或估值等初始投资条件表明，历史重演概率不大的情况下，这个问题尤为突出。

在我投资生涯的早期阶段，我采用的资产配置模型几乎完全依赖历史收益率。也就是说，我可以根据自己的需求选择任意历史区间，利用相应的历史收益率、波动率和相关数据，通过模型生成有效边界。正是因为这种弹性，我可以随心所欲地挑选合适的时间段，从而取得未来貌似更有可能出现的收益率。

尽管如此，结果仍足以令我感到震惊：只要将选取的历史时间段偏移一两年，模型的输出结果就会发生巨大变化。

更重要的是，在向客户介绍资产配置研究时，我竟然发现，他们并不是真正想得到最优投资组合。他们需要的，是最符合自身舒适度需求的组合。

因此，按照客户提出的特殊要求，我在模型中增加了一些约束条件，例如：小盘股的权重不超过15%，非美国股票的比重不超过

20%。如果从满足客户自我感觉的角度上说，我推荐的投资组合应该是"最优"的。

尽管这些金融产品确实处于有效边界上，但这仅仅是因为所谓的有效边界本身就是按照客户的舒适度要求量身定做的。为投其所好，我甚至不止一次地在有效边界图上放大代表投资组合建议位置点的尺寸，为的就是让它们接触到有效边界曲线。毋庸置疑，这个过程只是为了刻意满足客户所偏好的"最优"饮食组合——完全由他们最喜欢的食物组成，而不是为他们提供最健康的饮食组合。

几年后，我开始采用以前瞻性收益假设为基础的资产配置模型，而不再依赖于历史收益率。

我最终也无须继续展示"制造"有效边界的特长。我在有效边界曲线上的各种约束条件，无非是为了取得我认为能得到客户赞许的投资组合，现在回头再看，这似乎更像是一场闹剧。

现代投资组合理论会导致部分投资者盲目自信

现在，我在自己的个人投资中已不再使用现代投资组合理论。尽管我也接受多元化资产构成的投资组合，但我发现，在使用基于现代投资组合理论的资产配置模型时，得到的结论会让部分投资者对投资组合的结果产生盲目自信。

现代投资组合理论的问题在于，它假设市场收益率集中于平均预期收益率附近，但现实中的集中度远达不到这个水平。换句话说，现代投资组合理论假设，极端优异或恶劣的收益率都是非常罕见的。但是在现实中，发生灾难性损失的频率远高于理论上的预期。

数学家本华·曼德博（Benoit Mandelbrot）最早指出，投资组合出现极端性结果的频率远高于现代投资组合理论模型的预测。此外，这些极端事件往往集中出现，而不是随机性地分散出现，就像处于正在飞行的飞机一样，因湍流引起的颠簸往往会接踵而来，而后进入平稳的飞行阶段。在金融市场，一个高波动期往往会紧跟着另一个高波动期，在经历一段平静期之后，市场会再次进入更剧烈的震荡。[1]

这有什么影响呢？因为有了现代投资组合理论，投资者及其顾问往往只关注平均预期收益率，而不考虑面对极端事件的可能性。对此，《黑天鹅》（*The Black Swan*）作者纳西姆·尼古拉斯·塔勒布（Nassim Nicholas Taleb）是这样解释的："风险出现在尾部事件（tail event）中，而不是转变过程当中。"[2]

个人投资者衡量风险的主要标准不应是塔勒布所说的波动性或变动性。波动性和标准差过于抽象。**个人所面对的风险是由极端事件造成的财务损失，而这种极端事件远比基于现代投资组合理论的最优模型所预测的更为频繁。**

这些极端的负面结果就是塔勒布所说的"尾部事件"。之所以把它们称为尾部事件，是因为在代表可能结果的概率分布图中，极端性结果通常是出现在分布图尾部或末端的观察值，而不是出现在大部分观察值的平均值附近。

人多数人已在他们的财务决策中考虑到极端事件。比如说，尽管我们的房屋遭遇火灾或被抢劫的概率并不大，但我们还是需要购买业主保险。大多数人不会在正值壮年就死亡或丧失工作能力，但还是会购买人寿险和伤残险，为自己和家人提供意外情况下的保障。在这些例子中，极端事件很少发生，而且保费也是可以承受的。

但金融市场并非如此。在使用期权合约或其他手段寻求对冲或保护投资组合免受意外损失时，投资者需要付出高昂的成本，这也进一步说明，现代投资组合理论低估了发生极端结果的频率和严重程度。否则，为投资组合提供保值的成本也不至于这么昂贵。

当然，波动性也可能是有意义的提示，因为高波动性的资产往往更容易遭受严重损失，因此，与其关注标准差，还不如多关注最大潜在回撤（即最大亏损率）以及第 4 章所讨论的潜在恢复期。

现代投资组合理论的另一个问题在于，该模型假设资产类别之间的相关性是静态的，因为两种不完全相关的资产类别之间不可能亦步亦趋。不幸的是，在市场动荡时期，资产类别之间的相关性通常会有所增加：高风险的资产（如不同类别的股票、REITs 和非投资级债券）往往会齐声下落。

现代投资组合理论面对的一个质疑在于，某些资产的流动性很差，因此，它们并非每天都会得到市场的定价。一套出租性公寓的价格波动率是多少呢？每天或每月的价格波动可能很小，因为公寓楼并非每天都有出售价格或估值。实际上，市场可能需要每隔几年才对这套公寓做一次估值。因此，对于私人房地产或非上市初创企业拥有的风险投资等非流动投资，投资顾问在使用现代投资组合理论进行资产配置研究时，只能对波动性和相关性进行假设。

但对于现代投资组合理论，我本人最大的疑问是，它似乎太过于理想化。它极大地简化了我们所面对的投资世界，即使面对极端不确定的情况，这个模型似乎也能充分捕捉一切有可能发生的结果。但现实中的金融市场是一个复杂适应系统,随着适应和学习的延续,会出现不计其数的新输入变量。

这个系统中存在着数百万人类和计算机形态的代理人,他们的行动都会以无法预测的方式影响经济和金融市场。投资精品店第二基金会(Second Foundation)的首席投资官本·亨特(Ben Hunt)写道:

> 现代投资组合理论所讲述的一切,都是基于风险环境下的决策。它的全部精髓就是一种关于"最大化"的练习——通过一系列的风险和收益决策实现预期收益的最大化,如果你拥有稳定的历史数据和明确定义的当期风险,则效果非常好。如果你的历史数据不稳定且当前风险定义不当,这个理论确实堪忧……
>
> 这就像你在需要锤子时,手头只有锯子。你不仅没有机会把钉子砸进木料中,还有可能损坏木料。[3]

财富的最大化并不是投资或资产配置的目标。亨特说,投资的目标应该是在长期内"让我们的最大后悔最小化"。[4]

这就是说,我们所采取的投资方式,应该能让我们在长期内持续积累财富的同时,避免有可能把我们带入财务困境的豪赌。

这意味着,切莫陷入"白日梦"[5]式的投资魔咒中——被低风险高回报的广告误导,诱使我们卖掉大部分现有资产,再把资金投入到加密货币、初创公司或热门股票中,一旦遭遇不测,就有可能让我们陷入万劫不复之地。[6]

资产花园模式：让资产组合具有更多收益驱动因素

考虑到现代投资组合理论所面对的种种质疑，在这个充满不确定性的世界中，我们到底该如何构建自己的资产组合呢？我们首先应认识到，这个问题根本就不存在所谓的正确答案，更没有所谓的"最优"投资组合。

英格兰银行前行长默文·金写道："种种关于最优投资组合的观点都很诱人。但我们不应对未来抱有过于乐观的态度。我们只能面对现实。我们必须接受并适应新环境、新刺激和新挑战。"[7]默文·金指出，我们应采用启发法或经验法则（譬如估算不同投资策略的收益潜力的经验法则）解决不适于最优化策略的问题。

进行资产配置的一种手段，就是像美化庄院或花园那样来处理资产。如何美化环境，显然没有唯一正确的答案，因为无论你怎样打理自己的花园，都不是最好，肯定还有更好的方式。

你可以种植数十种颜色、叶片形状和高度各异的花草和灌木植物。这些植物有不同的花季，对不同的疾病具有天然排斥性，有些植物会结出可食用的果实，有些具有更强的耐旱性，有一年生植物，还有多年生植物。尽管园丁需要根据当地的气候特征，遵循一些经验法则或基本原则，但是在如何诠释自己的艺术设计方面，他们显然有很大的余地。同样，我们也希望投资组合中能包含多种多样的资产，而且这些资产应具有不同的属性和收益驱动因素。

像园丁一样，我们需要遵守那些基本的准则和经验，但必须发挥创造的自由，打造与我们的知识、兴趣及价值观相辅相成的投资组合。

在资产配置中，最初始的基础都应该是现金和股票。现金是投资组合的基石，尽管它给我们带来的收益似乎只有那么一点点，但本金发生损失的风险也非常低。遗憾的是，在大多数市场环境中，现金和现金等价物的收益率（如银行储蓄账户、货币市场共同基金或银行存单）几乎都会落后于通货膨胀率的速度。这意味着，在按通货膨胀率调整收益率之后，现金余额很可能停滞不前，甚至有可能在调整通货膨胀率之后发生贬值。

正因为如此，大多数投资者更希望把股票增加到投资组合中。股票不仅能带来类似于股息的现金收益，而且随着公司收益的增长，股息的现金流也会随之增长。从长远看，股票的价值表现会超过通货膨胀率，但是，为反映不断变化的市盈率，投资者需要不断调整他们愿意为未来现金流支付的费用，由此带来的价格波动可能会让他们遭受严重损失。

在确定到底是选择股票还是现金的时候，并不需要我们动用现代投资组合理论。实际上，我们只需要一个简单的电子表格，列出当前现金收益率以及股票的预期收益率、最大回撤率和恢复期等指标，问题便一目了然了。

根据经验法则评估现金流、现金流增长率和未来现金流这三者的潜在变化，我们即可确定股票的预期收益率或上行空间。在这个分析中，我的考量通常是包括美国及非美国股票在内的全球股票。假设现金流部分的股息收益率为 2.4%，现金流增长部分的每股收益增长率为 4.1%，分析采用的时间段为 10 年。

此外，我们还假设，全球股票的市盈率与历史上的长期平均市盈率保持一致，这样，即使投资者改变愿为未来现金流增长而支付的费用，我们也无须对由此带来的预期收益率变化作任何调整。因此，这就意味着，未来 10 年的股票预期收益率为 6.5%，即 2.4% 的股息收益率与 4.1% 的每股收益增长率之和。

此外，我们还需根据股票在历史上出现的最大回撤率（最大单次跌幅）以及收回最大损失所需的恢复期，估算股票可能出现的最大亏损区间。对于由 23 个发达市场和 24 个新兴市场国家组成的摩根士丹利资本国际全球指数（ACWI），历史上的最大回撤率为 58.4%。[8] 这次暴跌出现于 2008 年爆发的全球金融危机期间。如果按四舍五入估算，我们不妨假设最大回撤率为 60%，市场需要 48 个月（或 4 年）时间才能恢复这笔损失。

在估算现金的收益率时，我们按 2.5% 来计算，并假设 2.5% 也是年度的通货膨胀率。根据这些变量，我们可以用股票在投资组合配置的权重乘以股票的预期收益率，再用现金的百分比乘以现金的预期收益率，并将两个乘积相加，即可得到投资组合按既定股票与现金配置的总体预期收益率。比如说，假设股票的预期收益率为 6.5%，现金的预期收益率为 2.5%，对于一个由 60% 股票和 40% 现金构成的投资组合，其预期收益率应为 4.9%。具体的计算过程如下：

投资组合中的股票权重 60% × 股票的预期收益率 6.5%+
投资组合中的现金权重 40% × 现金的预期收益率 2.5%=4.9%。

如果股票的最大回撤率为 60%，恢复期为 48 个月，投资组合的

60% 股票的最大回撤率评估为 36%（即 60% 的股票配置比例 × 最大回撤率 60%=36%），预期的恢复期约为 29 个月（即 60% 的股票配置比例 × 恢复期 48 个月 =28.8 个月）。具体计算过程见表 9.1。

表 9.1 由股票和现金构成的投资组合示例

股息收益率（股息 / 每股价格）	2.40%
每股收益增长率	4.10%
预期股票收益率（收益增长率 + 股息收益率）	6.50%
预期现金收益率	2.50%
由 60% 股票和 40% 现金构成的投资组合收益率 *	4.90%
最大回撤率（60% 的股票配置比例 × 最大回撤率 60%）	36.00%
预计恢复期（60% 的股票配置比例 × 恢复期 48 个月）	28.8 个月

* 股票权重 60%× 股票预期收益率 6.5%＋现金权重 40%× 现金预期收益率 2.5%

这样的权重配置结构合理吗？是否合理还取决于这 36% 亏损给个人带来的损失。这样的损失是否会改变你的生活方式？你的投资组合在总资产中占比相对较小，或你距离退休还有很多年，因此你有足够的时间弥补这样的损失吗？如果你已接近退休年龄，这样大的损失是否会迫使你推迟退休呢？

一旦确定了我们能接受的最大回撤率，就可以添加其他资产，以提高投资组合的总体预期收益率。考虑到债券的收益率通常比银行利息高，因此，你可能希望通过投资债券而不是存款来提高预期收益率。

为此，我们可以先行评估不同债券品种的到期收益率或最差收益率。在美国，我们可以评估 ETF 和基金期权的 SEC 收益率，以判断它们相比于现金而言的超额收益率。如果利率上升，会导致债券的潜在市场价格下跌，在此基础上，我们即可分析，为取得这个超额收益率是否值得去承担额外的利率风险。

对此，我们可以比较第 3 章所讨论的各种方案的久期。此外，我们还需要评价债券产品的信用风险以及公司债券超过美国国债的增量收益率或利差，并与历史平均价差水平进行比较。

在这个例子中，我们不妨假设，美国投资级债券的 10 年期预期收益率为 3.5%，预期最大回撤率为 5%，恢复期为 12 个月。考虑到全球股票抛售会导致债券市场利率下降，从而导致债券价格上涨，因此，我们在这里采用相对较为保守的假设。

在计算如下投资组合示例中的预期最大回撤率和恢复期时，我们假设，市场变化会导致股票和债券同时发生亏损。这个由全球股票、美国债券和现金三种资产构成的投资组合为投资者提供了坚实的基础（见表 9.2）。

表 9.2　由全球股票、美国债券和现金构成的投资组合示例

资产类别	预期收益率	最大回撤率	恢复期
全球股市	6.50%	60%	48 个月
美国投资级债券	3.50%	5%	12 个月
现金	2.50%	0	0

采用两个低成本的 ETF,或通过指数共同基金和货币市场共同基金的组合,我们即可实现这样的投资组合。有些投资者会选择就此止步,这完全可以。但也有些投资者喜欢资产花园（asset garden）的模式,同时采用种类繁多却拥有更多收益驱动因素的资产。

在了解由其他资产构建投资组合方案之前,我们根据这些假设以及采用这些假设构建投资组合,请确保理解这三种资产构成的投资组合示例,再接着往下看。

高度保守的投资组合示例

高度保守的投资组合（见表 9.3）适用于如下情况：

表 9.3　高度保守的投资组合

全球股票	20%
美国的投资级债券	60%
现金	20%
预期收益率	3.90%
预期超过通货膨胀率的超额收益率	1.40%
预期最大回撤率	−15.0%
预期恢复期	17 个月

◎ 已退休或接近退休且财务独立的投资者——他们的支出计

划和生活方式会因市场重大回落而受到严重干扰。换句话说，这些投资者无力承担损失，但他们很清楚，风险承受能力非常低的人只能期望极低的目标收益率。

◎ 包括退休人员在内的投资者——他们有足够的投资资产或退休金来满足其日常生活开支，仅需从投资组合中获得非常低的收益即可。换句话说，这些投资者可以维持现有的生活方式，而又不愿承担投资风险。

保守的投资组合示例

保守的投资组合（见表9.4）可能适用于如下投资者：

表9.4 保守的投资组合

全球股票	40%
美国的投资级债券	45%
现金	15%
预期收益率	4.60%
预期超过通货膨胀率的超额收益率	2.10%
预期最大回撤率	−26.3%
预期恢复期	25 个月

◎ 已退休或接近退休且财务独立的投资者——他们的支出计

划和生活方式会因市场重大回落而受到干扰。换句话说，这些投资者无力承担较大损失，但他们很清楚，风险承受能力较低的人只能期望较低的目标收益率。

◎ 包括退休人员在内的投资者——他们有足够的投资资产或退休金来满足其日常生活开支，仅需从投资组合中获得低于平均水平的收益即可。换句话说，这些投资者可以维持现有的生活方式，而又不愿承担较高的投资风险。

风格中性的投资组合示例

风格中性的投资组合（见表9.5）可能适用于如下投资者：

表9.5　风格中性的投资组合

全球股票	60%
美国的投资级债券	30%
现金	10%
预期收益率	5.20%
预期超过通货膨胀率的超额收益率	2.70%
预期最大回撤率	−37.5%
预期恢复期	32个月

◎ 正在为退休或实现财务独立而储蓄的投资者，他们的支出

计划和生活方式不会因市场重大回落而受到难以为继的严重干扰。

◎ 即将在未来 10~15 年内退休的投资者，他们具有一定程度的风险承受能力，这种能力体现于亏损不会导致他们惊慌失措。

适度积极的投资组合示例

适度积极的投资组合（见表 9.6）可能适用于如下投资者：

表 9.6　适度积极的投资组合

全球股票	75%
美国的投资级债券	20%
现金	5%
预期收益率	5.70%
预期超过通货膨胀率的超额收益率	3.20%
预期最大回撤率	−46%
预期恢复期	38 个月

◎ 正在为退休或实现财务独立而储蓄的投资者，他们的支出计划和生活方式不会因市场重大回落而受到干扰。

◎ 在未来 10~15 年退休的投资者，他们有相对较高的风险承受能力，这种能力体现于亏损不会导致他们恐慌。

积极型投资组合示例

积极的投资组合（见表 9.7）可能适用于如下投资者：

表 9.7　积极型投资组合

全球股票	85%
美国的投资级债券	15%
现金	0%
预期收益率	6.10%
预期超过通货膨胀率的超额收益率	3.60%
预期最大回撤率	−51.8%
预期恢复期	43 个月

◎ 正在为退休或实现财务独立而储蓄的投资者，他们的支出
计划和生活方式完全不会因市场重大回落而受到干扰。

◎ 在未来 25 年或更长时间不会退休的投资者，他们有异常
高的风险承受能力，这种能力体现在可以坦然接受短期内
大额亏损。

◎ 希望通过大量投资股票让投资组合长期内实现更高收益的
投资者。

这些投资组合示例均表明，预期收益率都高于通货膨胀率。在构

建了包含股票、债券和现金这 3 种资产的基础投资组合之后，我们即可采用本书介绍的 10 个问题构建的投资框架，分析其他资产，并对投资组合进行合理补充。

对具有较高风险承受力的投资者，可以纳入潜在回撤率比较大的资产类别，譬如 REITs 或高速成长型小公司的股票。在考虑债券和现金的资金配置时，可以纳入收益率较高的资产类别，如高收益债券。还可以考虑在投资组合中纳入一些流动性较低、非公开交易的私募资产，如可出租房地产。

私募投资可以为投资者提供一种远离公开金融市场的独立性，而且由于不存在逐日定价，当公开市场剧烈震荡时，这类资产却可以让你高枕无忧。因此，在我们的投资组合中，或许可以适度增加类似金币或古董的少量投机性资产配置。

就像世界上永远不存在最好的花园一样，我们也不能指望找到最佳的投资组合。我们唯一能做的，就是适量纳入我们认为有助于改善组合多样性的投资。

为此，我们可以用本书中 10 个问题构成的理论框架，对这些投资进行具体分析，解释投资对象到底是什么、会带来哪些潜在的收益和损失、你在同谁做交易以及需融合哪些收益驱动因素，理清哪些投资环节要收费、这些费用是否合理以及资产的流动性如何。

我的个人投资组合包含十几种资产，多年以来，我从未使用现代投资组合理论进行过资产配置研究。

表 9.8 列出了我个人的投资组合结构。

表9.8　作者本人的投资组合

资产类别	投资对象	在组合中的比例
全球股票	通过 ETF 和基金持有的股票	9%
REITs	通过 ETF 持有的可公开交易房地产股份	3%
优先股	可获得固定股息收入的股票	1%
业主有限合伙制	能源基础设施类资产	3%
收益投资企业	可再生能源基础设施类资产	1%
债券	通过 ETF 和基金债券持有的固定收益证券	10%
银行贷款	通过共同基金持有的浮动利率杠杆贷款	1%
私募不动产	持有的私人房地产与土地所有权	27%
私募资本	杠杆收购、风险投资与不动产基金	11%
资产抵押贷款	向个人发放的房地产抵押贷款	21%
无抵押贷款	向个人提供的无抵押贷款	1%
艺术品和古董	家具和绘画等	1%
黄金	主要为金币和黄金 ETF	4%
加密货币	比特币、以太坊和莱特币等	1%
现金	存放于银行的资产或其他现金等价物	6%
合 计		100%

在构建我的投资组合时，我会适当增加预期收益率非常诱人的投资，但如果我认为某个资产的收益不足以弥补其风险时，我就会减少这种资产的持有量。与使用现代投资组合理论模型相比，这种方法显然更灵活、流动性更强。作为个人投资者，这种灵活性是一种非常有价值的竞争优势。

GMO 投资公司的联合创始人兼首席投资策略师杰里米·格兰瑟姆（Jeremy Grantham）认为："个人投资者的优势就是可以见机行事，耐心等待合适的出手机会，而不必考虑别人在做什么，这对专业投资机构而言几乎是不可能的。"[9]

在为客户提供投资建议时，投资顾问和理财规划师采用的是以现代投资组合理论为基础的资产配置模型和风险调查表，毕竟他们管理着数百个投资账户，不可能像个人投资者那样见机行事，灵活把握。通过这些工具，他们可以按风险承受能力对客户进行分类，从而对大量投资组合进行有效管理。

但作为个人投资者，我们无须管理数百个投资组合，因此，我们自然也不必严格遵守某种资产配置框架（如现代投资组合理论）。我们可以利用本书这 10 个问题构成的分析框架，及时分析新的投资机会，随时调整和定制我们的投资组合。对于第一次进入组合的新投资，我通常会从较小的仓位开始，这样，我就可以循序渐进地认识它的属性，确保能接受它对整个投资组合带来的影响。

如果不存在最佳或最正确的投资组合，我们将更容易做出改变。我们不妨把投资组合看作一个花园，而不是一个最优目标，我们就不必担心增减修改。如果我们为花园设定一个最优化目标，我们就会畏首畏尾，生怕拔出一株植物都会破坏原有的完美。

同样，对投资组合而言，我们可以把它视为拥有不同收益驱动因素的资产的组合，我们可以根据情况的变化对它们增减修补，这样就会大大提高我们的心理承受力。

应配置 10% ~ 20% 的国际股票和债券

作为一名投资顾问，我发现借助现代投资组合理论为基础的资产配置研究，可以有效地说服客户将部分美国股票置换为非美国股票。按照美国股票和非美国股票市场之间并不完全相关的假设，我让客户意识到，将资产的 10% ~ 20% 配置给非美国股票，可以降低投资组合在既定收益水平下的预期波动性。

根据分析结果，客户会选择一个针对非美国股票的配置目标；如果客户还没有找到非美国股票的管理者，我们可以协助客户进行选择。那么，我为什么建议将非美国股票的配置比例设定在 10% ~ 20% 之间呢？我认为，这是客户愿意接受而且可以承受的限度，因此，我对非美国股票设定了有效边界。这样，客户只能看到一个国际股票配置比例低于 20% 的最优投资组合。

我在前面已经指出了现代投资组合理论的缺陷——比如说，相关性本身并非一成不变，在市场低迷时期会趋于增加。既然如此，我们为什么还要投资国际股票呢？如果全球股票下跌，在你最需要多元化的时候，在国外进行投资的多元化优势可能荡然无存，这种情况下，投资国外股票是否值得呢？既然现代投资组合理论存在缺陷，我们就很难用它来证明海外投资的合理性。

先锋集团（Vanguard Group）创始人、指数基金之父约翰·博格表示："你根本就不需要持有国际股票。"[10] 博格认为，由于汇率风险、经济风险和社会不稳定风险的存在，国际股票的风险反而更高。他并不认为投资者可以赚到更高的收益来抵消这些风险。再考虑到美国很多公司在美国市场以外销售产品，因此，即使不在美国以外进行投资，投资者依旧可以从全球经济的持续增长中受益。

博格也非常推崇指数化投资，指数投资的一个基本假设是：股票的定价是正确的，因为所有股票都反映其内在价值，即未来股息流的现值。因此，有效市场理论的拥护者认为，寻找被市场低估的股票就是在浪费时间，投资者最好通过指数共同基金或 ETF 被动地拥有整个市场。但我们该如何定义市场呢？市场难道只是构成标准普尔 500 指数的 500 只美国股票吗？市场难道不应包含所有美国股票吗？这个市场为什么不包括非美国股票呢？

如果所有股票都被市场正确定价，它们在整个市场中的权重当然就是正确的。权重是指按上市公司市值计算的比重，市值等于市场中流通股票的数量乘以股票的价格。大多数指数基金均采用市值加权的方式，即配置给特定股票的比例均以总市值规模为基础，而总市值则是股票价格和流通股数量的函数。

例如，在 2018 年 11 月，苹果公司是世界上市值规模最大的公司，其市值约 1 万亿美元。当时的苹果公司拥有 48 亿流通股。如果将这 48 亿流通股乘以当时 210 美元的股价，我们即可得到苹果公司的市值——达到 1 万亿美元。[11] 我们可以对美国及全世界的所有公开交易股票进行类似计算。个别股票流通市值的总和等于整个市场的市值。

在本章的前面,我曾提到摩根士丹利资本国际全球指数(ACWI),该指数的覆盖范围包括 23 个发达市场和 24 个新兴市场国家。ACWI 指数拥有 2 791 个成份股,涵盖全球约 85% 的可投资股票。

2018 年 11 月,ACWI 全部成份股的市值总和为 46.8 万亿美元。苹果公司在 ACWI 市值总额中的比例勉强超过 2%——苹果公司的 1 万亿美元市值除以 46.8 万亿美元的 ACWI 市值总额。在 ACWI 的全部成份股中,美国公司的市值总额约占全部市值总额的 55%。也就是说,按市值衡量,投资者只选择投资美国股票,即可避开全球 45% 的股票。[12]

而这恰恰是只投资美国股票市场的投资者与大力提倡有效市场和被动型投资拥护者之间的矛盾。如果股票定价正确,股票价格就应该反映经济、社会和政治风险。

这意味着,高风险股票的价格应超过低风险股票的价格,以补偿投资者所承担的额外风险。如果被动型投资者只投资美国指数基金,进而避开了 45% 的全球股票,他们实际上就是在主动认为,美国股票市场的业绩将持续超越世界其他地区;但是从理论上说,如果世界其他地方的风险确实高于美国,其他地区的股票市场表现就应该超过美国股票市场。

因此,真正的被动型投资者会持有按市值加权的全球股票投资组合。当然,随着汇率波动,在境外进行投资确实会涉及货币风险,但投资者可以购买对冲货币风险的被动型全球 ETF 来消除上述风险。

我并不认为金融市场是完全有效的。从总体上说,市场参与者可能是错误的，从而导致某些资产或细分市场出现系统性的高估或低估。因此，我在考虑股票的配置时，构建基础层的部分被动型全球股票 ETF 采取了对冲货币风险的措施，而另一部分并未对冲货币风险。然后，在基础层的基础上，我再投资股票市场中的特定领域，我认为，这些股票的预期收益率超过全球股票市场，因为它们的股息收益率更高，预期收益增长更快，或者以市盈率衡量的估值更低。

相反，我对债券部分的配置主要集中于美国债券，因为美国以外大多数发达国家债券市场的收益率均低于美国债券市场，也就是说，他们的预期收益率相对较低。我有时也会投资于收益率极具吸引力的新兴市场债券，但我更倾向以美元计价的新兴市场债券，这样，我就不必担心汇率波动。

市值加权策略与非市值加权策略

对基金发起人来说，按市值加权的 ETF 和指数共同基金管理效率更高，因为这些指数无须太多交易即可调整仓位。因此，从费率上看，它们的成本往往是最低的。在市场出现波动时，按市值加权的指数共同基金或 ETF 很少需要通过再平衡而调整证券仓位。

原因不难理解，当个别股票的价格发生变动时，由于指数本身是按市值加权的，因此，它们在基金中的权重始终等于被追踪的指数权重。相比之下，同等权重的 ETF 必须通过定期再平衡来恢复成份股的同等权重。

那么，有些 ETF 或指数基金为什么会选择不以市值为基础的加权方案呢？比如说，基本面加权指数（fundamentally weighted index fund）或 ETF 的权重并不是按市值加权，而是收入、收益和股息收益率等其他指标。基本面指数（fundamentally index）也是第 7 章所述"智能贝塔"的一个示例。寻求非市值加权投资策略的唯一理由在于：因为股票的价格不总是正确的，因此，股票市场是无效的。

锐联资产管理公司的罗伯·阿诺特对基本面指数概念做出了很好的诠释。他指出，由于市值加权型指数和基金是按规模确定权重，而这是市场价格的函数。如果一只股票的定价高于它的内在价值，它在市值加权指数的权重会高于正确定价时的权重。因此，在按市值加权的指数中，市场价格低于内在价值的股票会拥有很小的权重。

可见，当投资策略以不同于市值加权指数的方式确定资产权重时，会出现逆向偏见（contrarian bias），从而带来相对市值加权指数的超额收益。作为再平衡的一方面，这些非市值加权策略会减持业绩良好的股票，这些股票在现有市值加权指数中拥有最高权重，而且可能被定价过高；另一方面，增持业绩低迷且可能被市场低估的股票。

阿诺特说："无论采用平均加权、基本面指数还是最小方差法，我们都会得到一个参照基准，而且是一个与价格无关的目标权重。因此，无论价格上涨还是下跌，你都会进行买卖交易，从本质上说，这是一种内在的低买高卖机制。"[13]

从长期看，基本面指数的优势体现于对数百种定价过低证券给予更高权重，而不必识别到底是哪些证券被错误定价。但是在中短期内，基本面指数可能会落后于市值加权策略，尤其是在超大公司正在引领市场上涨的行情中。

资产配置：运用经验法则但不存在正确答案

多元化投资组合由多种资产构成，通常会包含数百种，甚至是数千种个别证券。它既可以包含公开交易的证券以及与金融市场无关的非公开交易资产（如可出租房地产）；也可以包括拥有正预期收益并能创造收入的投资；或是黄金或古董之类的投机活动，投机本身不会带来收入，成功完全取决于未来是否有人愿意支付更高的价格。至于如何取舍，完全取决于个人的风险承受能力。

考虑到投资机会无穷无尽，既有可公开交易的投资，也有非公开交易的投资，因此，试图以建立在现代投资组合理论基础上的传统资产配置模型选择最优组合，显然是不切实际的。毕竟，它需要太多的假设，而很多假设完全是凭空猜测。

因此，与其依赖复杂的资产配置模型，还不如根据股票和现金的预期收益以及股票大跌可能给我们的生活方式造成的财务损失，我们即可为股票和现金之间设置适当的配置比例。

只要确定了资产配置的基础，我们就可以利用本书介绍的 10 个问题，对其他资产进行分析，对投资组合进行适当补充。这种策略的核心，就是不能把资产配置看作一个最优化问题，而是一个可以运用经验法则但永远不存在正确答案的创造性尝试。

因此，成功的关键在于，随着投资知识的增长以及投资机会分析能力的提高，我们要学会循序渐进地改进，以提高自身的灵活性，强化心理承受力。

在不同经济形势下有过良好表现的资产构建组合

有些投资者可能不喜欢进行渐进式变化的灵活性；相反，他们更愿意选择固定的目标资产配置来简化投资，但很快忘掉这个标准，也不会定期按照这个固定目标对投资组合进行再平衡。他们只想创建一个由少数资产构成的资产花园。

一种简单而有趣的方法，就是在不同经济环境下将不同业绩的资产组合起来。比如说，股票走势在经济增长时期表现良好；而当经济增长放缓或收缩时，债券的业绩往往更胜一筹，因为此时的利率通常会下降，从而推高了债券价格。

通货膨胀保值债券在高通货膨胀期会有良好的业绩，而大宗商品期货和黄金价格往往会在意外通货膨胀期出现上涨。通货膨胀率下降则是投资股票和债券的大好时期。

包括桥水基金瑞·达利欧在内的大批专业投资者都曾提出过，投资组合应包含在不同经济形势下有过良好表现的资产。[14] 这种投资组合被他们冠之以"全季投资组合""永久投资组合"和"金蝴蝶"等形形色色的名称。

这些投资组合通常会包括长期债券、大宗商品和黄金等，从波动率和最大回撤率上看，这些资产的风险级别与股票不相上下。在把大量资金配置给股票之外的高波动性资产时，投资组合的收益率和波动率就不再取决于股票。

例如，对于一个由 50% 股票和 50% 现金构成的投资组合，真实业绩偏离预期收益率的程度几乎完全取决于股票的表现。和股票相比，现金的收益波动性非常有限，而股票每年可能会带来 40% 的收益或损失，因此，尽管组合的一半配置现金，但它的最终收益情况完全取决于股票的表现。

对于一个由长期债券和股票各占一半的投资组合，实际收益率偏离预期收益率的程度则是由股票市场和债券市场共同决定的，因为长期债券完全有可能在一年之内涨跌 20%。

当然，这就是多元化投资的结果：业绩不佳的资产与表现良好的其他资产相互抵消，从而带来平稳的总体业绩。但这种方法需要极大的耐心和毅力，因为它需要投资者承受个别投资因素剧烈震荡的痛苦。对于这些基于个人的投资组合，分析其历史业绩和风险的一个绝佳资源是"组合图表"（Portfolios Charts，相关网址为 https://portfoliocharts.com）。[15]

当然，寻求使用这种方法的投资者需要认识到，尽管这些投资组合在历史上曾有良好表现，但并不意味着它们还会维持这样的表现。投资的初始条件非常重要，尤其是长期债券和通货膨胀保值债券（Treasury Inflation-Protected Securities）的到期收益率与最差收益率。当收益率高于平均水平时，基于个人的投资组合更有可能成功，而不是接近历史范围的底部。

◆ 在使用基于现代投资组合理论的资产配置模型时，得到的结论会让部分投资者对投资组合的结果产生盲目自信。

◆ 个人投资者不应只关注平均预期收益率，而应根据股市大幅下跌等极端事件对自己生活方式造成的财务损失来制定投资决策。

◆ 个人投资者不能把资产配置看作一个选择正确或最优答案的事情，而应是一个可以运用经验法则但永远不存在正确答案的创造性尝试。

◆ 在以股票和现金作为投资组合基础层的前提下，投资者可以通过添加具有不同收益驱动因素的资产——包括公开交易和非公开交易的投资、国内和国际投资机会或按市值加权和基本面加权的基金等策略，改善投资组合的多样性。

◆ 一种简单的资产配置方法，就是把在不同经济环境下有良好表现的若干高波动性资产组合起来，但考虑到个别投资可能会出现剧烈震荡，因此，该方法需要投资者具有良好的耐心和毅力。

杰出投资者的

底层认知

MONEY FOR THE REST OF US

第 10 章

你的行动策略是什么？

MONEY FOR THE REST OF US

在发现有吸引力的投资机会后，我们就需要做决策：应在何时进行投资，以及需要投资多少。投资多少取决于我们对该项投资取得成功的信心、成功所需的收益驱动因素的可靠性以及投资失败可能带来的个人财务损失；至于什么时候投资，则取决于我们计划投入的资金量以及当前的市场状况。

安妮·杜克

500强企业决策顾问

10个底层认知框架不仅可以帮助我们
投资，也可以帮我们做出任何正确的决定。

考虑到我们已经解决了前 9 个投资问题，因此，你可能会问："我现在该做什么？我应该投资于何处？"希望通过前 9 个问题得到的投资过滤器，我们可以最大限度地缩小潜在投资的范围，彻底澄清哪些事情是不应该做的。这样，我们就可以规避那些要求我们绝对不能犯任何错误才能成功的投资；收费过高的投资项目；成功只能依赖于我们用智力战胜那些信息更完备的市场参与者；不得不涉足每个赢家都会对应一个输家的零和游戏。

此外，我还希望投资者深入理解即将采取的行动。我们还有其他方式可以回答"你了解你投资的东西吗？"这个问题。我们必须能更好地理解量化分析和投资动机。量化分析体现为股息、利息和租金之类的现金流，以及现金流在长期内如何因收入或租金的增长而增长。

投资动机体现为投资者如何评价投资所带来的现金流。他们是否为取得这些现金流而支付高于平均水平的价格，从而抬高证券价格，并最终导致随后的收益率更低？投资者是否因为担心而低估投资的预期现金流，从而导致随后的收益率可能更高？

投资的预期收益率体现为超过通货膨胀率的赢利能力，它应该是相对于预期损失加以考虑的。

以最大回撤率计算，投资的潜在损失是多少？基于我们正在考虑的投资规模，潜在损失造成的个人伤害有多大？某一笔投资与整个投资组合是否契合？它是否能带来更多的收益驱动因素，让投资组合的收益驱动因素更趋于多元化？你是否了解某一种金融产品以及相应的流动性和费用？你是否清楚成功投资需要的条件是什么？

我们永远都不能确定我们对投资收益作出的假设是否正确。因为最终的结果完全有可能与我们的评估大相径庭。在美国大峡谷"沙漠景观瞭望塔"，通过安装在窗框上的黑色"克劳德镜"，艺术家可以更好地选取构图场景，对比不同的阴暗色调和颜色；同样，建立合理的收益假设并深刻理解风险的背后逻辑，也有助于我们对不同的投资机会进行比较。

归根到底，在对投资机会实施尽职调查之后，我们必须回答投资框架的第 10 个问题："你的行动策略是什么？"如果答案是肯定的，我们就需要确定，应该在什么时候投资，以及应该投资多少资金。

在管理机构投资组合时，我们的团队准备通过购买新证券并出售全部或部分持有证券来调整投资组合，我当时希望能马上兑现这个计划。但我们没有办法立即执行，而是要等待若干天，这让我觉得非常郁闷，因为这需要我们不得不在很多客户账户间进行交易。我之所以想立即实施，因为我觉得已经完成了分析，而且不想错过前期努力可能带来的收获。如果是个人投资者，你当然可以立即着手你已经决定的事情。但现实是，在今天、还是在几天之后实施调整，都不太可能影响你的长期业绩。市场上每天都存在着不计其数的随机性，让我们无法选择最适合自己的时机，特别是对规模较小的交易。

平均成本法：心理收益往往胜过一次性投入

当我们通过继承、分红或出售而获得一大笔钱，时间决策就变得至关重要了。作为投资顾问，我曾与很多非营利组织进行过合作，这些组织偶尔会收到大量赠款，这些赠款成为该组织资产的主要成分。因此，组织董事会需要决定如何处理这笔钱。他们应该把这笔钱一次性还是在一段时间内分次进行投资？第二种方法也就是平均成本法。我向这些董事会成员提供了一些历史研究资料，这些研究无不表明，一次性投资的效果要好于平均成本法。

道理很简单：股票市场的长期趋势是向上的，因此，从统计学上说，在大多数时期，一次性全部投入的收益率要高于按平均成本法进行投资，因为平均成本法让投资者错过股票在前几个月的升值。当然，如果在投资的前几个月股票市场始终呈下降趋势，平均成本法的业绩自然会优于一次性投资。

通常，董事会成员会对这些研究结果进行调查分析，但最终会接受这些统计数字，并选择平均成本法。为什么呢？他们担心，如果股市在捐赠后不久出现暴跌，他们就不得不对捐助者作出回应。他们觉得这样做似乎不够明智。这些董事会成员很容易会想到，如果赠款捐出后不久就贬值20%，捐赠者肯定会心存不满；与其如此，还不如选择平均成本法，至少不会一次性遭受这么大的损失。因此，董事会的行动准则，就是最大限度地减少他们自己和捐助者的遗憾。

当对投资组合进行一次性大额补充时，我们可能需要一段时间来适应大规模资金的管理。金额越大，我们会感觉风险也越大，即使新增资金完全来自意外的捐赠或继承。平均成本法有助于缓解这个转换过程的心理压力。平均成本法带来的心理收益往往胜过理性分析的结论：在统计上，将新资金一次性全部投入更有可能带来更好的业绩。

仓位大小，取决于信心、可靠性及可能损失

在决定进行新投资时，新开仓位应在投资组合总额中占据多大的比例呢？在仓位规模上，同样不存在绝对正确的答案。如果是拥有数千种基础证券且成功取决于全球经济整体增长的全球 ETF 或指数基金，投资者或许更愿意投入全部的股票仓位。因为这些股票代表了整个市场的大部分领域。

而相对较为集中的投资，成功更有可能取决于某些特殊因素，比如说，封闭式基金价格相对资产净值的折价率是否在缩小，投资者最初愿意配置的资金可能不到投资组合的 2%，他们会有更多时间去理解既定资产的安全性。

在这个问题上，我想到一位基金经理：他最初配置给被研究股票的仓位比例只有 0.5%，他可以更好地关注这只股票的后续表现，深入了解这些股票的交易方式。仓位取决于我们对一笔投资取得成功的信心、收益驱动因素以及投资未达到预期对个人财务造成的损失。

以渐进的方式调整资产配置: 明显有效

无论是管理客户的投资组合还是我自己的投资组合,我很乐意按市场形势及时调整资产配置。这种方法被称为市场择时策略(market timing),但很多人认为这种策略过于主观盲目,而且很少有效。把投资组合的大部分资产从股票转换为现金,然后再重新转换为股票,会带来很多意想不到的风险。但这不是我的投资方式。

在 2008 年的全球金融危机期间,我曾就职于一家基金公司,在 2008 年年末,这家董事会出于恐慌并抛售他们所持有的大部分股票。在董事会做出这个时机不当的决策后不久,我来到这家公司。此时,这个错误的决策已经让他们的投资组合遭受了严重损失。2009 年年中,在我们有能力重新买入股票的时候,整个股票市场早已进入稳定复苏的状态。

大手笔的市场择时策略需要包含两个决策:第一,从股票转换为现金;第二,再从现金转换为股票。从统计角度看,即使投资者在每个决策上做出正确选择的概率达到 70%,面对这两个决策,他们最终做到正确判断的概率依旧不到一半(70%×70%=49%)。因此,我从不尝试对投资组合进行大手笔的调整,而是采取循序渐进的方式,我对投资组合进行的一次性调整很少达到总资产的 5% 或 10%。

在我以前就职的投资机构中,我们把这种方法称为主动型资产配置(active asset allocation)。那么,我们为什么要费尽心机地去作调整呢? 为什么不盯着目标配置并通过定期再平衡跟踪这个目标呢? 这当然也是一种有效方法。

对很多只存在咨询服务关系、但无权调整其投资组合的机构客户，我们都采用过这种方法。我已在第 8 章探讨过再平衡的概念。

但如果你也像我一样，没有为自己的投资组合设定固定的目标配置，根据市场形势，采用更具机会主义色彩的资产配置方法或许更有意义。这也是我们在上一章讨论的资产花园法。但这里有一个问题：如果从预期收益率、风险以及我们对投资的了解程度看待既定的投资机会，我们的投资组合是否合适呢？你持有的投资是否已无法带来足够的风险补偿，因此，降低风险敞口或许是唯一的明智之举？

这个投资可能是股票市场的某个领域——譬如小盘股和新兴市场股票，它们确实正创造创纪录的超强业绩，但目前的估值水平已经远远高于市场平均估值；或许是某个封闭式债券基金，其折价率已低于历史上的平均折价率；或许是高收益债券基金，相对于美国十年期国债的利差或增量收益率已开始收窄，并低于 5% 的长期平均利差；也可能是某种价格下跌但目前估值低于历史平均水平的资产。

我不得不承认，这种方法面临的最大问题，就是如何取得合理的评估指标，对相关资产的当前估值和历史业绩进行合理比较。很多数据供应商提供这类信息而向用户收取数千美元的费用。这也是我在播客上开办会员社区的原因之一，我可以通过播客为会员提供及时的估值信息，方便他们制定更合理的资产配置决策。财经媒体也可以为我们提供足够的信息，而且观察身边正在发生的事情，同样有助于我们及时发现风险和机会。

在 1999—2000 年的互联网泡沫期间以及 2017 年的加密货币热潮中，考虑到互联网泡沫的急剧膨胀、比特币价格的非理性飙升以及此前毫无兴趣的个人投资者蜂拥而至，人们开始大举买入科技股和加密货币，投资风险是显而易见的。而在 2009 年，很多资产的估值则跌至数十年的新低，投资的吸引力同样非常明显。

在出售已升值的资产之前，人们总会不由自主地去等待市场最高点的到来。同样，在买入已发生贬值的资产之前，试图确定资产价值是否已达到底部也是有利的。但要确定资产价值是否达到顶部或底部，不仅非常困难，甚至根本就没有可能。这就是我为什么更青睐于以渐进方式调整资产配置的原因。

当某个资产类别价格上涨而且明显偏高时，我们可以小幅减少这种资产类型的风险敞口。当某个资产类别在遭遇大量抛售而出现更有吸引力的价格时，我们可以适当增加这种资产类型的风险敞口。

有时候，等待遭到市场抛售的资产发生反转并反弹，这是明智选择；但即便如此，它们依旧有可能在短暂反弹之后继续下跌，因此，等待或许有助于我们看清形势。但是在现实中，投资者往往会贸然跟进。因为形势不明朗，我们很可能会犯错误。有时候，在你买入某个资产后，其价格继续下降，或在你出售之后继续上涨。但这些都是随时会发生的。

在市场中，如果把这视为错误，这样的错误很正常，而且是难免的。错误的背后或许隐藏着机会：从长远看，你可能买入了市场价格低于平均价格的资产，卖出了市场价格高于平均价格的资产，从而让你的投资组合取得更稳定的长期收益。**我们无法控制每一次投资决策的结果，但我们可以控制我们的决策过程。**

2008 年秋季，全球金融危机进入水深火热的时期，在为客户买入新兴市场股票之后，我开始觉得非常压抑。因为我们的出手提早了3周，这次贸然出手让客户面临亏损。但也就是在这个时点，新兴市场股票的市盈率不到10倍，达到有史以来最低廉的估值之一。尽管我们尚不清楚到底应在何时抛售，但考虑到估值水平较低，因此，新兴市场股票的预期收益率足以弥补我们为此承担的高风险。尽管我自认为出手过早，但最终，我们的客户还是获得了正收益。

通过分析每月 PMI，预测经济是否存在衰退风险

虽然我们可以跟踪个别资产的业绩和估值，但还是需要密切关注整体经济趋势，毕竟，它们会影响到投资组合的收益。1916年以来，美国股市中跌幅最大的12次熊市均出现在经济衰退期间，它们的平均跌幅达到46%。[1]

我预测是否存在经济衰退风险的方法之一，就是分析每月的制造业采购经理人指数，也称为 PMI（Purchasing Managers' Index）。这些数据来自 IHS Markit 市场研究公司和供应管理协会（Institute of Supply Management）等研究公司在全球范围内进行的制造业调查。[2]

接受调查的公司需要回答很多关于业务状况的问题，例如新订单数量、库存数量、招聘计划和定价等。

尽管市场上也有针对非制造业的 PMI 调查，但我关注的对象主要是制造业调查，因为这项调查的历史更为悠久，而且制造业对经济变化也更为敏感。当一个国家的制造业 PMI 大于50时，表明该国经济正处于增长态势。如 PMI 小于50，则表明该国经济正在放缓增长，

甚至已出现萎缩。当 PMI 低于 48 时，表明已出现较高的衰退风险。

例如，自 1948 年以来，在美国经历的每一次经济衰退中，制造业 PMI 均低于 48。最近一次误报出现在 1967 年，当时 PMI 跌至 48 以下，但美国经济并未出现衰退。[3]

作为投资组合管理者，当 PMI 之类的经济指标呈现出疲软迹象时，我们就需要决定，是降低对股票、非投资级债券和其他风险资产的敞口来降低总体风险，还是继续保持充分投资状态。答案取决于资产贬值超过 45% 时给个人造成的财务损失。对很多距离退休尚有几十年的人来说，财务损失可能很小，因此，他们或许可以渡过难关。但对其他人来说，在衰退风险日趋明显时，逐渐减少对股票的配置或许是明智之举。

社会责任投资：企业的"薄价值"与"厚价值"

在决定是否进行一笔新投资时，最后一个需要考虑的问题，就是这笔投资是否符合我们的个人价值观。人们把基于道德标准或道德价值观做出的投资决策称为社会责任投资（Socially Responsible Investing，简称 SRI）。在试图构建符合社会责任投资标准的组合时，投资者通常要考虑环境、社会和公司治理（Environmental, Social, and Governance，简称 ESG）数据，它们反映了企业基于环境、员工及其社区责任而制定的政策和采取的经营方式。[4]

作为投资顾问时，我的客户中有很多环保和宗教组织，如果投资公司为获取利润，购买违反这些组织的道德信仰或使命的公司股票或债券，就会招致道德问题。对于规模巨大的投资，我们会聘请专业的投资经理，帮助客户构建投资组合，规避有可能违背客户投资政策的所谓"罪恶股"。但是对金额较小的资产配置——比如针对新兴市场或美国小盘股的投资，客户通常没有足够资产满足管理机构针对这些地区设立单独账户的要求。在这种情况下，我们会采用共同基金、指数基金或交易型开放式指数基金进行投资。

一方面，这些组织不愿投资某些存在瑕疵的资产；另一方面，他们又希望以多元化投资方式在降低风险的同时带来最优收益，他们必须在这两者之间做出权衡。

因此，他们首先解答以下问题：是否应以取得更高的投资组合收益为首要目标，这样，他们就能有更多的手段履行其社会使命，而不必考虑投资的资产类型是否与这个使命存在冲突？还是以环境或社会使命为出发点，宁愿接受更低的投资组合收益，但不得不接受组织缺少资源而无法造福社会的现实？理想的情况是如果凭借社会责任投资所创造的业绩优于大盘，组织或个人当然也就无须再作这种权衡。

遗憾的是，我们很难对社会责任和经济效益做出真正客观的判断。社会责任投资基金与整个市场的表现差异（无论是超额收益还是相对亏损）很可能归咎于和 ESG 标准无关的因素。比如说，和整个市场相比，符合社会责任标准的投资组合在平均市值上相对较小；如果这些小企业在考察期内的业绩超过大公司，符合社会责任标准的投资组合自然也会获得超过市场的业绩。

此外，如果股东退出违反道德价值观的公司，但客户继续采购这家公司的产品或服务，那么，这些问题公司的股票依旧极有可能跑赢大盘。因为对争议股票需求的降低，可能会压低股票的市场估值，从而提高股息收益率。如果这些公司能继续保持稳健的收入和赢利增长，凭借更高的股息收益率，这些争议股票的业绩当然优于有社会责任感的对手。

因此，对于不符合环境、社会和公司治理标准的公司，打击其股票业绩的重要手段，就是不再购买他们的产品或服务，并鼓励其他人加入抵制行列。如果这个抵制群体的规模足够大，就会影响这些公司的收入和利润，并最终打压他们的股价。

2018年1月，全球最大资产管理公司贝莱德集团（BlackRock）首席执行官劳伦斯·芬克（Laurence Fink）致信旗下各公司首席执行官，称公司已无力提供出色的财务业绩。芬克在信中写道："要实现长期繁荣，所有公司不仅需要提供靓丽的财务业绩，还要展示出如何积极造福社会的能力。也就是说，公司必须为包括股东、员工、客户及其所在社区在内的全体利益相关者创造福祉。"[5]

管理学家乌玛尔·哈克（Umair Haque）把单纯依靠收入超过资产成本创造利润的公司称为"薄价值"（thin value）企业。不妨回顾一下第5章：企业的资产成本反映了投资者对公司股票和债券的预期收益率。从纵向上看，如果企业实施的项目始终能创造出超过资产成本的收入，体现为公司股价的市场估值就会上涨。

芬克和哈克的研究表明，寻求以超过资产成本的行为增加股东价值的方法，在视野上明显狭隘。"薄价值"企业的财务报表看起来可能非常漂亮，但他们的收益是通过把环境和社会成本转移给非利益相关者而实现的。

因此，一个企业应致力于追求哈克所说的"厚价值"（thick value）。也就是说，公司不仅能创造出超过资产成本的收入，还能"通过他们的活动，以更具可持续发展、更真正、更有意义的方式创造利润，并持续造福人类、社区、社会、自然界和子孙后代"。[6]

做坚持渐进式风格投资组合的管理者

我们在本章中已经看到，即使在识别有吸引力的投资机会之后，依旧还有很多需要关注的事项，比如说，投资是否符合你的价值观，应该投资多少资金，以及应该在何时投资？这些问题都不存在准确无误的答案。因此，我们所能做的，就是尽力而为。哲学家卡尔·波普尔（Karl Popper）提倡采用"渐进式工程师"（piecemeal engineer）的投资观，这也就是我喜欢的渐进式组合管理方式。

渐进式工程师不相信"整体再设计或整体再造"[7]之类的观点。就投资组合而言，渐进式管理意味着，不应采取全部彻底的大规模组合调整，而是应该像渐进式工程师那样，以"反复的微小调整，着力于持续性改进……和苏格拉底一样，渐进式工程师很清楚自己知之甚少。他们深知，从错误中学习是积累知识的必经之路，更珍惜这样的学习机会。因此，他们不断把预期结果与实际结果进行深入对照，并深刻关注变革所带来的不可避免、非预期的后果"。[8]

作为坚持渐进式风格的投资组合管理者，我们可以循序渐进地采取小规模行动，并不断从结果中掌握我们学到的东西，从而让我们在不断进步中成为更优秀的投资者。

◆ 投资的成功依赖于明确不该做什么，而不是应该做什么。

◆ 平均成本法所带来的心理收益往往要超过理性分析，因为从理论上说，在大多数时期，一次性全部投入的收益率在统计上优于按平均成本法进行的投资。

◆ 仓位取决于我们对一笔投资取得成功的信心、收益驱动因素的可靠性以及投资未达到预期对个人财务造成的伤害。

◆ 通过持续买入市场价格低于平均价格的资产，卖出市场价格高于平均价格的资产，对投资组合进行循序渐进的调整，不断改善投资组合的业绩。

◆ PMI数据有助于我们随时监测影响投资组合业绩的大经济趋势。

◆ 对于不符合环境、社会和公司治理标准的公司，打击其股票业绩的重要手段，就是我们不再购买他们的产品或服务，并鼓励其他人加入抵制行列。只要这个抵制群体的规模足够大，就会影响这些公司的收入和利润，并最终打压他们的股价。

杰出投资者的

底层认知

MONEY FOR THE REST OF US

参考资料

MONEY FOR
THE REST OF US

前言　从底层认知出发，勇敢而理智地应对下一个投资机会

1. Barry Ritholtz, "MiB: Ned Davis on Risk Management and Mistakes," *The Big Picture*, June 20, 2017, http://ritholtz.com/2017/06/mib-ned-davis-risk-management-mistakes/.

2. Jason Zweig, "Everyone Makes Investing Mistakes—Even Warren Buffett," MoneyBeat (blog), Wall Street Journal, June 10, 2018, https://blogs.wsj.com/moneybeat/2018/06/08/everyone-makes-investing-mistakes-even-warren-buffett/.

3. Annie Duke, *Thinking in Bets: Making Smarter Decisions When You Don't Have All the Facts* (New York: Portfolio, 2018), 27, 33.

第1章　你了解你投资的东西吗？

1. Chana Schoenberger, "Peter Lynch, 25 Years Later: It's Not Just 'Invest in What You Know,'" *MarketWatch*, December 28, 2015, https://www.marketwatch.com/story/peter-lynch-25-years-later-its-not-just-invest-in-what-you-know-2015-12-28.

2. Ibid.

3. Elizabeth Gurdus, "Lemonis Doubles Down on Long-Term View for Camping World, Says No. 1 Asset Is Loyalty Club," *Mad Money*, CNBC, September 17,

2018, https://www.cnbc.com/2018/09/17/camping-world-ceo-doubles-down-on-long-term-view-for-retailer.html.

4. James M. Poterba and Andrew A. Samwick, "Stock Ownership Patterns, Stock Market Fluctuations, and Consumption," *Brookings Papers on Economic Activity*, no. 2 (January 1, 1996): 316, table 6, https://www.brookings.edu/bpea-articles/stock-ownership-patterns-stock-market-fluctuations-and-consumption/.

5. Ibid, 317, table 6.

6. Steven Sloman and Philip Fernbach, *The Knowledge Illusion* (New York: Riverhead Books, 2017), 23.

7. Ray Dalio, Introduction to *Principles: Life and Work* (New York: Simon & Schuster, 2017), Kindle.

8. Per Bak, "The Sandpile Paradigm," chap. 3 in *How Nature Works: The Science of Self-Organized Criticality* (New York: Copernicus, 1996).

9. Dalio, Introduction to *Principles: Life and Work*.

10. Dalio, *Principles: Life and Work*, chap. 4.

11. John Elfreth Watkins, Jr., "What May Happen in the Next Hundred Years," *Ladies' Home Journal 18*, no. 1 (December 1900).

12. Ibid.

13. Ned Davis, *Being Right or Making Money*, 3rd ed. (Hoboken, NJ: Wiley, 2014), chap. 1, Kindle.

14. Ibid.

15. Dalio, *Principles: Life and Work*, chap. 4.

第2章　投资、投机还是赌博?

1. Maillet, Arnaud. "The Claude Glass: Use and Meaning of the Black Mirror in Western Art." Translated by Jeff Fort. Reviewed by Sven Dupré. *Aestimatio 2* (2005): 24-32. http://www.ircps.org/sites/ircps.org/files/aestimatio/2/2005-03-01_Dupre.pdf.

2. Kingsley Jones, "Product Design and Financial Literacy," CIFR Paper No. RR/2016 (September 21, 2016): 32, doi: 10.2139/ssrn.2842004.

3. Ibid.

4. Anne Goldgar, *Tulipmania: Money, Honor, and Knowledge in the Dutch Golden Age* (Chicago: University of Chicago Press, 2007), Kindle.

5. Rembertus Dodonaeus, *Cruydt-Boeck*, 1618 ed. (Leiden: Officina Plantiniana, 1608), 365.

6. Goldgar, *Tulipmania*, chap. 4, Kindle.

7. "Futures Market Basics," U.S. Commodity Futures Trading Commission, accessed January 26, 2019, https://www.cftc.gov/ConsumerProtection/EducationCenter/FuturesMarketBasics/index.htm.

8. David G. Schwartz, "Big Six: A Longitudinal Micro Study" (Las Vegas: Center for Gaming Research, University Libraries, University of Nevada Las Vegas, 2011), 1.

9. Jones, "Product Design," 32.

10. "Benefits of Binary Options," Nadex, April 10, 2018, https://www.nadex.com/binary-options/benefits-of-binary-options.

11. Ibid.

第3章　期望收益能实现多少？

1. E-mail to author, September 3, 2017.

2. Lisa Randall, "Effective Theory—Annual Question 2017: What Scientific Term or Concept Ought to Be More Widely Known?," *Edge*, 2017, https://www.edge.org/response-detail/27044.

3. Ibid.

4. Ibid.

5. Jim Masturzo, "Pricing Stocks and Bonds," Research Affiliates, October 2017, https://www.researchaffiliates.com/en_us/publications/articles/641-pricing-stocks-and-bonds.html; "Capital Market Expectations Methodology Overview," Research Affiliates,

revised October 1, 2014, https://www.researchaffiliates.com/documents/AA-Expected-Returns-Methodology.pdf; Richard Grinold and Kenneth Kroner, "The Equity Risk Premium," *Investment Insights* 7, no. 2 (July 2002), https://www.cfapubs.org/userimages/ContentEditor/1141674677679/equity_risk_premium.pdf.

6. Chart B336B, Ned Davis Research, accessed September 20, 2018, https://www.ndr.com/ group/ndr/content-viewer/-/v/ B336B.

7. Charles Barngrover (Emeritus Professor, University of Cincinnati), Intro to Finance class, 1988.

8. Diane Vazza et al., "Default, Transition, and Recovery: 2016 Annual Global Corporate Default Study and Rating Transitions," Standard & Poor's, April 13, 2017, https://www.spratings.com/documents/20184/774196/2016+Annual+Global+Corporate+Default+Study+And+Rating+Transitions.pdf/2ddcf9dd-3b82-4151-9dab-8e3fc70a7035, 20.

9. Sharon Ou et al., "Cross-Sector Annual Default Study: Corporate Default and Recovery Rates, 1920–2017," Moody's Investor Service, February 15, 2018, https://www.researchpool.com/download/?report_id=1751185&show_pdf_data=true.

10. Chart B336B, Ned Davis Research.

11. Masturzo, "Pricing Stocks and Bonds"; Robert Shiller, "U.S. Stock Markets 1871–Present and CAPE Ratio," Econ.yale.edu, last updated May 2019, accessed May 27, 2019, Excel spreadsheet downloaded at http://www.econ.yale.edu/~shiller/data.htm.

12. "Amazon.com, Inc. Revenue & Earnings per Share (EPS)," Nasdaq, accessed March 28, 2019, https://www.nasdaq.com/symbol/amzn/revenue-eps.

13. Ibid.

14. Shawn Tully, "Corporate Profits Are Soaring. Here's Why It Can't Last," *Fortune*, December 7, 2017, http://fortune.com/2017/12/07/corporate-earnings-profit-boom-end/.

15. Ibid.

16. Ed Easterling, "Serious Implications: Forecast Skew over the Next Decade,"

Crestmont Research, April 6, 2018, https://www.crestmontresearch.com/docs/
Stock-Serious-Implications.pdf, 9, figure 5.

17. Ibid.

18. Jeremy Grantham, "Grantham: Don't Expect P/E Ratios to Collapse," *Barron's*,
May 2, 2017, https://www.barrons.com/articles/grantham-dont-expect-p-e-ratios-
to-collapse-1493745553.

19. Robin Wigglesworth, "Global Equity Market Shrinks as Buybacks Surge,"
Financial Times, August 17, 2018, https://www.ft.com/content/5a359796-a18e-
11e8-85da-eeb7a9ce36e4.

20. Ibid.

21. William J. Bernstein and Robert D. Arnott, "Earnings Growth: The Two Percent
Dilution," *Financial Analysts Journal 59*, no. 5 (September/October 2003): 48,
doi:10.2469/faj.v59.n5.2563.

22. https://data.worldbank.org/indicator/NY.GDP.PCAP.KD.ZG.

23. https://interactive.researchaffiliates.com/asset-allocation#!/?currency=USD&mode
l=ER&scale=LINEAR&terms=NOMINAL.

24. Catherine LeGraw, "7-Year Asset Class Forecasts Increase After Steep
Market Declines," *Advisor Perspectives*, January 16, 2019, https://www.
advisorperspectives.com/commentaries/2019/01/16/7-year-asset-class-forecasts-
increase-after-steep-market-declines.

第4章　如何管理投资组合的风险？

1. Alexandra Twin, "Stocks Get Pummeled," *CNNMoney*, last modified September 21,
2008, https://money.cnn.com/2008/09/15/markets/markets_newyork2/.

2. Ibid.

3. "MSCI ACWI Index (USD)," MSCI, August 31, 2018, accessed September 26,
2018, https://www.msci.com/documents/10199/a71b65b5-d0ea-4b5c-a709-
24b1213bc3c5.

4. "MSCI Emerging Markets Index (USD)," MSCI, August 31, 2018, accessed October 1, 2018, https://www.msci.com/documents/10199/c0db0a48-01f2-4ba9-ad01-226fd5678111.

5. "MSCI USA Index (USD)," MSCI, August 31, 2018, accessed October 1, 2018, https://www.msci.com/documents/10199/67a768a1-71d0-4bd0-8d7e-f7b53e8d0d9f.

6. Chart B336B, Ned Davis Research.

7. Peter L. Bernstein, "What Happens If We're Wrong?," *New York Times*, June 22, 2008, https://www.nytimes.com/2008/06/22/business/22view.html?_r=1&oref=slog in&ref=business&pagewanted=print.

8. Ibid.

9. Ibid.

10. John E. Grable, "Financial Risk Tolerance: A Psychometric Review," CFA *Institute Research Foundation 4*, no. 1 (June 2017): 3, doi:10.2470/rfbr.v4.n1.1.

11. Carrie H. Pan and Meir Statman, "Questionnaires of Risk Tolerance, Regret, Overconfidence, and Other Investor Propensities," SCU Leavey School of Business Research Paper, no. 10-05 (March 10, 2012): 1–28, doi:10.2139/ssrn.1549912.

12. Ibid.

13. Ibid.

14. Daniel Kahneman and Amos Tversky, "On the Psychology of Prediction," *Psychological Review 80*, no. 4 (July 1973): 237.

15. Michael Lewis, *The Undoing Project: A Friendship That Changed Our Minds* (New York: W. W. Norton & Company, 2017), Kindle.

16. Ibid., chap. 7.

17. Ibid., chap. 6.

18. Ibid., chaps. 6, 7.

19. Seneca, *Letters from a Stoic: All Three Volumes*, trans. Richard Mott Gummere (Enhanced Media, 2016), Letter IV, Kindle.

20. Chart T_635.RPT, Ned Davis Research, accessed September 25, 2018, https://www.ndr.com/group/ndr/content-viewer/-/v/T_635*RPT.

21. Mervyn A. King, *The End of Alchemy: Money, Banking, and the Future of the Global Economy* (New York: W. W. Norton & Company, 2016), chap. 4, Kindle.

22. Mihir A. Desai, *The Wisdom of Finance: Discovering Humanity in the World of Risk and Return* (Boston: Houghton Mifflin Harcourt, 2017), 61.

23. Martin Wolf, "Lunch with the FT: Ben Bernanke," *Financial Times*, October 23, 2015, accessed September 25, 2018, https://www.ft.com/content/0c07ba88-7822-11e5-a95a-27d368e1ddf7.

24. Ibid.

第5章 你在同谁做交易？

1. M. Tullius Cicero, *De Officiis*, trans. Walter Miller (Cambridge, MA: Harvard University Press, 1913), 3.12.50, http://www.perseus.tufts.edu/hopper/text?doc=Perseus:text:2007.01.0048:book=pos=3:section=50.

2. Ibid.

3. Stephanie Yang, "Oil Hedge Funds Struggle in Age of Algos," *Wall Street Journal*, last modified June 25, 2018, https://www.wsj.com/articles/how-the-last-commodity-funds-will-survive-the-algo-age-adapt-or-die-1529919003.

4. Ibid.

5. Ibid.

6. Samuel Seiden, Steven Albin, and Gaylene Galliford, Computer based trading system and methodology utilizing supply and demand analysis, US Patent 8,650,115, filed December 20, 2012, and issued February 11, 2014.

7. Ibid.

8. Ibid.

9. Ibid.

10. Barry Ritholtz, "Transcript: Research Affiliates' Rob Arnott," *The Big Picture*, July

29, 2018, https://ritholtz.com/2018/07/transcript-research-affiliates-rob-arnott/.

11. Aye M. Soe and Ryan Poirier, "Does Past Performance Matter? The Persistence Scorecard," S&P Dow Jones Indices, January 18, 2018, 1, https://us.spindices.com/documents/spiva/persistence-scorecard-december-2017.pdf.

12. Malcom Gladwell, "Blowing Up," *New Yorker*, April 22, 2002, 162, https://www.newyorker.com/magazine/2002/04/22/blowing-up.

13. Aye M. Soe, Berlinda Liu, and Hamish Preston, "SPIVA U.S. Scorecard: Year End 2018," S&P Dow Jones Indices, March 11, 2019 https://www.spglobal.com/_assets/documents/corporate/us-spiva-report-11-march-2019.pdf.

14. Ben Johnson and Alex Bryan, "Morningstar's Active/Passive Barometer March 2018," Morningstar, March 2018, https://www.morningstar.com/content/dam/marketing/shared/Company/LandingPages/Research/Documents/Morningstar_Active_Passive_Barometer_2018.pdf.

15. Ritholtz, "Transcript: Research Affiliates' Rob Arnott."

16. Soe and Poirier, "Does Past Performance Matter?"

17. Eugene F. Fama, "Random Walks in Stock Market Prices," *Financial Analysts Journal 21*, no. 5 (September/October 1965): 56, doi:10.2469/faj.v21.n5.55.

18. Andrew Ang, *Asset Management: A Systematic Approach to Factor Investing* (Oxford: Oxford University Press, 2014).

19. Jeeman Jung and Robert J. Shiller, "Samuelson's Dictum and the Stock Market," *Economic Inquiry 43*, no. 2 (April 2005): 221, http://www.econ.yale.edu//~shiller/pubs/p1183.pdf.

20. David Stein, "Should Fiduciaries Overweight Growth Stocks in Investment Portfolios?" (report distributed to clients of Fund Evaluation Group, March 2000): 4.

21. Andrew W. Lo, *Adaptive Markets: Financial Evolution at the Speed of Thought* (Princeton, NJ: Princeton University Press, 2017), chap. 6, Kindle.

22. Ibid., chaps. 2, 4.

23. Ibid., chap. 6.

24. Lo, Introduction to *Adaptive Markets*.

25. David Tuckett, "The Role of Emotions in Financial Decisions" (text of the annual Nicholas Barbon Lecture, London, May 24, 2012), p. 8, doi:10.13140/ RG.2.1.3777.1921.

26. Lo, *Adaptive Markets,* chap. 8.

27. Ray Dalio, *Principles: Life and Work* (New York: Simon & Schuster, 2017), chap. 4. Kindle.

第6章　如何深入评估金融产品?

1. Chris Isidore and Blake Ellis, "American Airlines and AMR File for Chapter 11 Bankruptcy," *CNNMoney*, November 29, 2011, https://money.cnn.com/2011/11/29/ news/companies/american_airlines_bankruptcy/index.htm.

2. Stock price graph for American Airlines Group, via Google Finance, accessed October 2, 2018; stock price graph for Delta Air Lines, via Google Finance, accessed October 2, 2018; stock price graph for Southwest Airlines, via Google Finance, accessed October 2, 2018; stock price graph for United Continental Holdings, via Google Finance, accessed October 2, 2018.

3. American Airlines stock.

4. Social Security Administration, "Period Life Table, 2014," Actuarial Life Table, accessed October 2, 2018, https://www.ssa.gov/OACT/STATS/table4c6.html#fn2.

5. "SEC Adopts T+2 Settlement Cycle for Securities Transactions," U.S. Securities and Exchange Commission, March 22, 2017, https://www.sec.gov/news/press-release/2017-68-0.

6. Calvin Schnure, "Nareit T-Tracker® Results 2018: Q2," Nareit, August 22, 2018, 12, https://www.reit.com/sites/default/files/media/DataResearch/TTracker2018Q2. pdf.

7. As filed with the Securities and Exchange Commission on August 13, 2018, Offering Circular Fundrise Equity REIT, LLC.

8. "Average Premium/Discount" widget, Closed-End Fund Association, accessed

October 5, 2018, http://www.cefa.com.

9. "Closed-End Funds Daily Pricing," CEF Connect, accessed October 5, 2018, https://www.cefconnect.com/closed-end-funds-daily-pricing.

10. 2018 *Investment Company Fact Book: A Review of Trends and Activities in the Investment Company Industry*, 58th ed. (Washington, DC: Investment Company Institute, 2018), 2017 Facts at a Glance, https://www.ici.org/pdf/2018_factbook. pdf.

11. Barbara Novick et al., "A Primer on ETF Primary Trading and the Role of Authorized Participants," BlackRock, March 2017, 3, exhibit 2, https://www.blackrock.com/ corporate/literature/whitepaper/viewpoint-etf-primary-trading-role-of-authorized-participants-march-2017.pdf.

12. Liao Xu and Xiangkang Yin, "Exchange Traded Funds and Market Volatility: The Case of S&P 500," *SSRN Electronic Journal*, February 11, 2015, doi:10.2139/ ssrn.2562704; Itzhak Ben-David, Francesco A. Franzoni, and Rabih Moussawi, "Do ETFs Increase Volatility?," Fisher College of Business WP 2011-03-20, December 2, 2011, last revised November, 2017, doi:10.2139/ssrn.1967599.

13. Daniel J. Sandberg, "A Case of 'Wag the Dog'? ETFs and Stock-Level Liquidity," S&P Global, July 2018, 2, https://www.spglobal.com/marketintelligence/en/ documents/a-case-of-wag-the-dog-etfs-and-stock-level-liquidity.pdf.

14. "Limit Up–Limit Down: Frequently Asked Questions," Nasdaq, 2015, 1, accessed October 4, 2018, https://www.nasdaqtrader.com/content/MarketRegulation/LULD_ FAQ.pdf.

15. "US Equity Market Structure: Lessons from August 24," BlackRock, October 7, 2015, 1–3, https://www.blackrock.com/corporate/literature/whitepaper/viewpoint-us-equity-market-structure-october-2015.pdf.

16. Ibid., 3; Michael Johnston, "Ten Shocking ETF Charts from the 'Flash Crash,'" ETF Database, May 7, 2010, http://etfdb.com/2010/ten-shocking-etf-charts-from-the-flash-crash/.

17. "US Equity Market Structure: Lessons from August 24," 3.

18. Ibid.

19. Ibid., 5–6.

20. Luke Kawa, "High Frequency Trade: Goldman Warns the Rise of Machines Leaves Markets Exposed," *BloombergQuint*, May 24, 2018, https://www.bloombergquint.com/markets/goldman-warns-the-rise-of-the-machines-leaves-markets-exposed#gs._1K2qqg.

21. Ibid.

第7章 需融合哪些收益驱动因素？

1. Martin Wolf, "Lunch with the FT: Ben Bernanke," *Financial Times*, October 23, 2015, accessed September 25, 2018, https://www.ft.com/content/0c07ba88-7822-11e5-a95a-27d368e1ddf7.

2. Rebecca Solnit, *A Field Guide to Getting Lost* (New York: Viking, 2005), Open Door, Kindle.

3. Annie Duke, *Thinking in Bets: Making Smarter Decisions When You Don't Have All the Facts* (New York: Portfolio, 2018), 27, 33.

4. List of supplies published by *National Geographic*, accessed October 5, 2016, https://www.nationalgeographic.com/lewisandclark/resources.html (site discontinued).

5. Carveth Read, Logic, *Deductive and Inductive*, 3rd ed. (London: Alexander Moring, 1909), 320.

6. Howard Marks, *Mastering the Market Cycle: Getting the Odds on Your Side* (Boston: Houghton Mifflin Harcourt, 2018), Cycle Positioning, Kindle.

7. E-mail messages to author, October 11–15, 2018.

8. Rob Arnott, Shane Shepherd, and Bradford Cornell, "Yes. It's a Bubble. So What?," Research Affiliates, April 2018, https://www.researchaffiliates.com/en us/publications/articles/668-yes-its-a-bubble-so-what.html.

9. E-mail messages to author, October 11–15, 2018.

10. Ibid.

11. Ibid.

12. Chart S09, Ned Davis Research, accessed October 19, 2018, https://www.ndr.com/group/ndr/content-viewer/-/v/S09.

13. Ibid.

14. "S&P High Yield Dividend Aristocrats," S&P Dow Jones Indices, accessed October 19, 2018, https://us.spindices.com/indices/strategy/sp-high-yield-dividend-aristocrats-index.

15. Andrew Ang, *Asset Management: A Systematic Approach to Factor Investing*. (Oxford: Oxford University Press, 2014).

16. Rob Arnott et al., "How Can 'Smart Beta' Go Horribly Wrong?," Research Affiliates, February 2016, https://www.researchaffiliates.com/en_us/publications/articles/442_how_can_smart_beta_go_horribly_wrong.html.

17. Rob Arnott, Vitali Kalesnik, and Lillian Wu, "The Incredible Shrinking Factor Return," Research Affiliates, April 2017, https://www.researchaffiliates.com/documents/601-The Incredible Shrinking Factor Return.pdf?mod=article_inline.

18. Howard Marks, *The Most Important Thing: Uncommon Sense for the Thoughtful Investor* (New York: Columbia University Press, 2011), chap. 25, Kindle.

19. Bendix Anderson, "Investment Sales Slowdown Hits the Student Housing Sector," *National Real Estate Investor*, July 17, 2017, https://www.nreionline.com/student-housing/investment-sales-slowdown-hits-student-housing-sector.

第8章 谁在暗中侵蚀投资收益？

1. E-mail message to author, August 29, 2018.

2. James Duvall, "Trends in the Expenses and Fees of Funds, 2018," *ICI Research Perspective 25*, no. 1 (March 2019): 1, https://www.ici.org/pdf/per25-01.pdf.

3. "Mutual Fund Investing Ideas," Fidelity Investments, accessed November 30, 2018, https://www.fidelity.com/mutual-funds/investing-ideas/index-funds.

4. "Why Are ETFs So Tax Efficient?," ETF.com, accessed November 30, 2018,

https://www.etf.com/etf-education-center/21017-why-are-etfs-transparent-and-tax-efficient.html.

5. William Reichenstein and William Meyer, "Asset Allocation and Asset Location Decisions Revisited," *Journal of Financial Planning 26*, no. 11 (November 2013): 48–55, https://www.onefpa.org/journal/Pages/November-2013-The-Asset-Location-Decision-Revisited.aspx.

6. Yan Zilbering, Colleen M. Jaconetti, and Francis M. Kinniry, Jr., "The Buck Stops Here: Vanguard Money Market Funds Best Practices for Portfolio Rebalancing," Vanguard Research, November 2015, 12, https://www.vanguard.com/pdf/ISGPORE.pdf.

第9章　如何构建适配的投资组合？

1. Benoit B. Mandelbrot and Richard L. Hudson, *The Misbehavior of Markets: A Fractal View of Financial Turbulence* (New York: Basic Books, 2006), chap. 5, Kindle.

2. Nassim Nicholas Taleb, *Silent Risk* (Descartes, 2015), http://www.fooledbyrandomness.com/SilentRisk.pdf, iii.

3. Ben Hunt, "Things Fall Apart (Part 3)—Markets," *Epsilon Theory*, October 24, 2018, https://www.epsilontheory.com/things-fall-apart-part-3-markets/.

4. Ben Hunt, "Getting Out: A Godfather Story," *Epsilon Theory*, October 27, 2018, https://www.epsilontheory.com/getting-out-a-godfather-story/.

5. David Tuckett, "The Role of Emotions in Financial Decisions" (text of the annual Nicholas Barbon Lecture, London, May 24, 2012), p. 8, doi:10.13140/RG.2.1.3777.1921.

6. Herwin Thole, "A 39-Year-Old Who Sold Everything He Owned in Exchange for Bitcoin Now Lives on a Campsite Waiting for the Ultimate Cryptoboom," *Business Insider*, October 10, 2017, https://www.businessinsider.com/man-in-the-netherlands-sold-everything-for-bitcoin-2017-10; David Tuckett, "The Role of Emotions in Financial Decisions" (text of the annual Nicholas Barbon Lecture,

London, May 24, 2012), p. 8, doi:10.13140/RG.2.1.3777.1921.

7. Mervyn A. King, *The End of Alchemy: Money, Banking, and the Future of the Global Economy* (New York: W. W. Norton & Company, 2016), chap. 4, Kindle.

8. MSCI Emerging Markets Index (USD), MSCI, August 31, 2018, accessed October 1, 2018, https://www.msci.com/documents/10199/c0db0a48-01f2-4ba9-ad01-226fd5678111.

9. Sam Ro, "Jeremy Grantham: The 10 Shakespearean Rules of Investing," *Business Insider*, February 27, 2012, https://www.businessinsider.com/jeremy-grantham-gmo-quarterly-letter-polonius-2012-2#recognize-your-advantages-over-professionals-5.

10. John Waggoner, "John Bogle Says Investors Don't Need to Own International Stocks," *InvestmentNews*, April 29, 2017, https://www.investmentnews.com/article/20170429/free/170429919/john-bogle-says-investors-dont-need-to-own-international-stocks.

11. "Apple Inc. (AAPL) Stock Report," Nasdaq, accessed November 8, 2018, https://www.nasdaq.com/symbol/aapl/stock-report.

12. MSCI ACWI Index (USD), January 31, 2019.

13. Barry Ritholtz, "Transcript: Research Affiliates' Rob Arnott," *The Big Picture,* July 29, 2018, https://ritholtz.com/2018/07/transcript-research-affiliates-rob-arnott/.

14. Tony Robbins, *Money: Master the Game: 7 Simple Steps to Financial Freedom* (New York: Simon & Schuster, 2014), chap. 5.1, Kindle.

15. Portfolio Charts, accessed November 20, 2018, https://portfoliocharts.com/.

第10章 你的行动策略是什么？

1. Chart T_635.RPT, Ned Davis Research, accessed September 25, 2018, https://www.ndr.com/group/ndr/content-viewer/-/v/T_635*RPT.

2. https://ihsmarkit.com/index.html; https://www.instituteforsupplymanagement.org.

3. Chart S1102, Ned Davis Research, accessed September 20, 2018, https://www.ndr.

com/group/ndr/content-viewer/-/v/S1102.

4. Benjamin Webster, "ESG Is Not an Investment Strategy," *Financial Advisor*, May 8, 2017, accessed January 17, 2019, https://www.fa-mag.com/news/esg-is-not-an-investment-strategy-32655.html.

5. Larry Fink, "Larry Fink's 2018 Letter to CEOs: A Sense of Purpose," BlackRock, accessed January 18, 2019, https://www.blackrock.com/corporate/investor-relations/2018-larry-fink-ceo-letter.

6. Umair Haque, *The New Capitalist Manifesto: Building a Disruptively Better Business* (Boston: Harvard Business Review Press, 2011), chap. 1, Kindle.

7. Karl Popper, *The Poverty of Historicism* (London: Routledge, 2002), 61.

8. Ibid.

后记　深谙资产配置与风险管理的你，就是杰出的投资者

1. Julia La Roche, "Here Are the Top 20 Hedge Fund Managers of All Time," *Business Insider*, January 26, 2016, https://www.businessinsider.com/top-20-hedge-fund-manager-list-2016-1.

2. Julia La Roche, "Billionaire Hedge Fund Manager Seth Klarman Explains What Makes a Successful Investor," *Business Insider*, January 28, 2016, https://www.businessinsider.com/seth-klarman-on-what-makes-a-great-investor-2016-1.

3. Andrew W. Lo, *Adaptive Markets: Financial Evolution at the Speed of Thought* (Princeton, NJ: Princeton University Press, 2017), chap. 6, Kindle.

杰出投资者的
底层认知

MONEY FOR THE REST OF US

主动型资产配置（Active Asset Allocation）：根据估值或经济趋势等市场条件，对投资组合进行渐进式调整的过程。

主动型管理（Active Management）：在投资过程中，基金经理通过构建不同于基准的投资组合，寻求超越目标指数或基准收益率的可能性。

主动型基金经理（Active Manager）：积极主动管理策略的基金经理。

一般管理费用（Administrative Fee）：经纪公司、基金公司和退休计划管理机构在跟踪投资、编制和收发对账单及税务文件、执行与客户账户管理相关的其他任务而取得的报酬。

咨询及基础管理费（Advisory/Management Fee）：投资专业人士为管理特定金融产品或客户投资组合而收取的报酬。

年化收益率（Annualized Return）：投资者每年取得的收益率。它是将持有期间实现的累积收益换算为一个完整年度所对应的收益。

买方出价（Ask Price）：投资者买入某个具体证券而给出的当前报价。

卖方要价（Bid Price）：投资者卖出某个具体证券而给出的当前报价。

资产（Asset）：可以出售并转换为现金的金融证券、财产或其他有价值的物品。

资产配置（Asset Allocation）：将投资组合分为不同资产的过程。

资产类别（Asset Class）：有类似特征的一篮子或一组证券组合。

资产类别（Asset Category）：资产类别的非正式名称。

授权参与者（Authorized Participants）：与交易型开放式指数基金（ETF）发起人合作的机构交易员，负责以大宗交易形式创建和赎回ETF的成份股。

自动赎回票据（Autocallable Note）：如满足某些条件（如达到具体的目标价格），发行人即可提早赎回已发行的投资证券。

二元期权（Binary Option）：仅具有两个收益结果的证券，收益通常选用100美元或0，投资者在支付保证金的基础上，即可对期权合约所依据的基础资产价值会增值还是减值下赌注。

比特币（Bitcoin）：它是世界上最早也是市场流通价值最大的加密货币。

债券（Bond）：由政府、公司和其他实体发行的债务工具，通常用于为新项目或正在进行的项目筹集运营资金。投资者按本金购买新发行的债券，发行人按约定期限对债券持有者支付利息，除非债券发行人违约，则应在债券到期时偿还本金余额。

债券久期（Bond Duration）：债券或债券投资组合价格对利率变化的敏感性评估。

债券经理（Bond Manager）：代客户管理债券投资组合的人。

债券到期日（Bond Maturity）：债券发行人偿还本金余额赎回债券的日期。

到期日（Maturity）：请参阅债券到期日。

经纪人（Broker）：以方便资产交易而充当中介的个人。

经纪公司（Brokerage Firm）：充当买卖双方的中介，从而为投资证券交易提供便利的实体。

宽基指数基金（Broad-Based ETF）：一种拥有数百或数千种基础资产的交易型开放式指数基金，旨在复制金融市场主体部分（如全球股票或美国股票）的业绩表现。

资本（Capital）：个人、家庭或企业所拥有的金融资产。

资本利得分配（Capital Gain Distribution）：分配给共同基金或 ETF 股东的应税收益，它是管理者出售基金或 ETF 基础资产所实现的实际利润。

资本市场（Capital Market）：是交易股票和债券等投资证券的金融市场，从而让企业为正在进行的业务或开展新项目筹集资金。

资本化率（Capitalization Rate）：是评估房地产价值的关键指标，计算方法是将项目的净利润除以成本或市值。

市值加权（Capitalization Weighted）：构建市场指数或基准指数的方法，

对基础持股按所持股份价格与流通股份总数所体现的规模进行加权。

现金（Cash）：以纸币和硬币形式实际持有的货币或存放于金融机构可随时提取到账户的货币资金。

现金等价物（Cash Equivalent）：指超短期的投资证券，比如易于出售并转换为现金的美国国库券。

现金流（Cash Flow）：指基础投资产生的现金，通常以利息、股息或租金形式分配给资产所有者。

现金流增长率（Cash Flow Growth）：计算收入流在一段时间内的增速。

存单（Certificate of Deposit）：由银行、信用合作社和其他金融机构发行的有担保的金融产品，并在指定期限内按预定利率支付利息。

估值变化（Change in Valuation）：资产价格如何按投资者愿意为当前和预期的未来现金流支付价格而变化。

平仓（Close Out）：结束具体的证券交易，通常体现为出售或建立相反的仓位。

封闭式基金（Closed-end Fund）：股份数量固定的注册式混合型基金，可在交易所进行交易，并由专业基金经理进行日常管理。

成本基准（Cost Basis）：用于计算税金的资产原始价值。

混合基金（Commingled Fund）：是一种汇集投资者资金并进行投资证券交易的专业管理型金融产品。

大宗商品（Commodities）：农产品（如小麦和玉米）、金属（如铜和黄金）及能源（如石油和天然气）等原材料。

大宗商品期货（Commodity Future）：在未来某个日期买卖特定商品的合约。

期货（Future）：请参阅大宗商品期货。

普通股（Common Stock）：一种代表公司所有权的可投资证券，它赋予持有人以股利形式参与公司的利润分配。

股票（Stock）：请参阅普通股。

成长股（Growth Stock）：收益增长率超过大盘平均水平的普通股。

复杂适应系统（Complex Adaptive System）：由各种相互关联的数据输入组成的复杂系统，这些输入会随着时间的推移而出现适应和更新，因而无法通过研究个别部分去推测整个系统的行为。

消费者物价指数（Consumer Price Index，CPI）：一种用于跟踪一篮子基准商品和服务平均价格变化的通货膨胀指标。

抵押品（Collateral）：在借款人拖欠贷款或其他违约情况时，可通过出售为还款提供保证的资产。

资本成本（Cost of Capital）：是公司选择新项目或新计划需要达到的最低要求收益率。资本成本等于公司债务利率与股票投资者预期收益率的加权平均值。

交易对手（Counterparty）：金融交易中的另一方实体，即买方所对应的卖方或卖方所对应的头方。

交易对手风险（Counterparty Risk）：金融交易另一方实体对所承担义务出现违约的风险。

创建组合（Creation Basket）：ETF 发起人在交换新发行 ETF 股份时所接受的证券基准组合。

加密货币（Cryptocurrency）：一种旨在以安全、分散方式促进金融交易的数字资产。

违约（Default）：相关实体未能履行合同义务的行为，如债务人未能按约定支付利息或返还本金。

养老金固定收益计划（Defined Benefit Plan）：一种具体的退休福利计划，由老板按员工年龄、收入和任期缴款。

养老金固定缴款计划（Defined Contribution Plan）：一种具体的退休福利计划，由员工和老板按金融市场收益率共同缴款。

退休金计划（Pension Plan）：请参阅养老金固定收益计划。

衍生合同（Derivative Contract）：一种金融协议，其价值由约定金融资产的市场价格确定。

探底（Dip）：证券价格持续上涨前出现的暂时回落。

不良债务投资（Distressed Debt Investing）：购买已进入破产或濒临破产状态公司的债务，并通过后续重组实现获利的投资策略。

可派发股息率（Distribution Yield）：衡量共同基金或交易型开放式指数基金向投资者支付的现金流占资产净值的百分比。通常将最近月份或季度所分配股息换算为年度数字。

多元化投资（Diversification）：将具有不同收益驱动因素的各种投资融合到一个投资组合中的策略。

股息（Dividend）：公司或基金支付给股东的现金流。

股息再投资（Dividend Investing）：一种以股息收益投资于证券的策略。

股息收益率（Dividend Yield）：衡量投资所取得股息水平的指标，通常以最近月份或季度所分配股息换算得到年度股息除以对应证券市场价格。

平均成本法（Dollar-Cost Averaging）：定期按一定金额进行投资的分阶段投资方法。

互联网泡沫（Dot-com Bubble）：是指 20 世纪 90 年代到 21 世纪初期因互联网快速普及而带来的市场投资热潮，导致科技股的市场价格和估值高速上涨。

亏损（Downside）：一项投资的最大潜在损失以及由此造成的个人财务损失。

经济增长（Economic Growth）：一国国内生产总值从一个考察期到下一个考察期的变化速度。

有效边界（Efficient Frontier）：由所有在既定预期波动率下拥有最高预期收益率的最优投资组合连接而成的曲线。

有效市场（Efficient Market）：所有证券均被正确定价从而让价格反映其内在价值的金融市场。

环境、社会与公司治理（Environmental, Social, and Governance）：这些指标说明了企业如何基于环境、员工及其社区责任而制定的政策和采取的经营方式。

股本（Equities）：代表公司所有权的普通股。

交易所（Exchange）：买卖投资性证券的金融市场。

交易型开放式指数基金（Exchange-traded Fund，ETF）：在交易所进行交易并试图跟踪特定指数或资本市场细分的有价证券，例如大盘股、债券或 REITs 等。

因子（Factor）：低估值、高股息收益率或价格动量等广泛而持久的收益驱动力。

固定收益（Fixed Income）：即债券投资。

赌博（Gamble）：一种期望收益率为负数且亏损为大概率事件的机会。

外汇（Foreign Exchange，forex）：交易货币的金融市场，也是世界上最大的货币交易市场。

基本面加权指数（Fundamental Indexing）：一种构建市场指数或基准的方法，对基础资产类别不按规模，而是按收入、收益率或股息收益率等其他指标进行加权。

闪电崩盘（Flash Crash）：市场上缺乏购买者造成投资证券出现突然而严重的价格错配。

大金融危机（Great Financial Crisis）：2007—2009 年爆发的全球金融危机，其标志就是经济严重萎缩、资产价格大幅下跌。

国内生产总值（Gross Domestic Product，GDP）：一个国家在特定时期内所生产的全部商品和服务的货币价值。

对冲（Hedge）：一种通过可抵消潜在损失的交易来预防出现市场亏损或货币波动的投资策略。

对冲基金（Hedge Fund）：一种由机构和高资产净值人士投资并由专业基金经理管理的混合性合伙投资关系，旨在以多种投资策略实现以最小亏损博取最大收益。

启发法（Heuristic）：一种有利于简化决策的经验法则。

高收益债券（High-yield Bond）：由风险较高的公司发行的债券，因违约风险较高而被债券评级机构评定为投机性债券。

垃圾债券（Junk Bond）：请参阅高收益债券。

非投资级债券（Non-investment-grade Bond）：请参阅高收益债券。

非流动性资产（Illiquid Asset）：一种不易出售和转换为现金的投资性证券。

非流动性溢价（Illiquidity Premium）：投资非流动性资产所要求额外取得的收益。

指数基金（Index Fund）：一种旨在复制特定指数或大盘股、债券或房地产投资信托基金等细分资本市场业绩的共同基金。

通货膨胀（Inflation）：价格在长期内上涨并导致购买力下降的趋势。

首次公开募股（Initial Public Offering，IPO）：私人公司首次通过向公众发行普通股而筹集资金的过程。

利率（Interest Rate）：借款人每年为使用某人的钱而支付的本金百分比。

日内流动性（Intraday Liquidity）：在整个交易日内均可买卖金融证券的能力。

内在价值（Intrinsic Value）：以未来现金流现值为基础的合理投资价格。

投资（Investment）：通过创造收入或未来预期将产生收入而具有正预期收益的金融机会。

投资条件（Investment Condition）：金融证券或资产类别的当前估值水平、收益增长率或收益率等特征。

金融产品（Investment Vehicle）：采用特定投资策略的工具、产品或载体。

杠杆（Leverage）：使用借入资金放大投资收益的方式。

限价指令（Limit Order）：以指定价格交易金融证券的订单。

涨停/跌停限制规则（Limit up–Limit down Rule）：证券交易所采取的一种特殊规则，对短期内价格出现剧烈波动的特定证券实施暂停交易的处理。

流动性（Liquidity）：用于衡量投资对象可被出售的速度和便利性程度、变现的成本以及投资者在出售投资对象后收回资金所需要的时间。

负载（Load）：购买或赎回开放式共同基金所支付的佣金。

低成本税基（Low Cost Basis）：证券出现大幅升值，会导致该证券在出售后带来可观的应税收益。

一次性付款（Lump Sum）：单笔的大额付款。

宏观无效（Macro Inefficiency）：某一资产类别因出现泡沫或定价明显低于历史估值而导致市场价格明显偏离合理估值的情况。

维持保证金（Maintenance Margin）：经纪人在投资大宗商品期货时要求投资者缴存的最低账户余额。

保证金贷款（Margin Loan）：经纪公司向投资者提供的贷款，通常供投资者购买额外的证券。

市值（Market Capitalization）：上市公司的规模，按股价乘以流通在外的股票数量计算。

市场择时策略（Market Timing）：一种进行大规模投资组合调整的策略，通常是首先选择合适的机会把股票转换为现金，然后再寻找时机用现金重新买入股票。

投资的量化分析（Math of Investing）：推动特定投资的可量化收益机制。

最大回撤率（Maximum Drawdown）：通常按历史上同一周期内的最大跌幅来估算投资的预期最大跌幅。

微观效率（Micro Efficiency）：主动型基金经理无法识别证券定价错误并据此获利的情况。

现代投资组合理论（Modern Portfolio Theory，MPT）：是由哈里·马科维茨提出的金融理论，该理论假定存在一个结构最优化的投资组合（即股票、债券、房地产和其他资产之间的构成比例），使得这个组合能在既定波动性下实现预期最大化收益。

动量投资（Momentum Investing）：一种在价格呈上升趋势时买入证券的投资策略，这种策略假设现有趋势会持续下去。

货币市场共同基金（Money Market Mutual Fund）：一种投资现金等价物的开放式共同基金。

市政债券（Municipal Bond）：市政债券是由州、地方政府和学区公开发行的债务性证券，为道路、公用事业基础设施和学校等市政公共项目筹集资金。大多数市政债券享受免征联邦税的待遇，而且在很多情况下还可以免征州和地方税。

资产净值（Net Asset Value，NAV）：共同基金、交易型开放式指数基金或封闭式基金等混合金融产品的价值，其计算方法是在包括现金的基金总资产价值中减去负债总额，再把余额除以流通在外的股票总数。

净营业利润（Net Operating Income）：房地产项目扣除物业管理费和税金等营业费用后实现的净利润。

名义国内生产总值（Nominal GDP）：一个国家在一定时期内生产的商品和服务按未经通货膨胀调整价格计算得到的货币价格。国内生产总值通常按真实水平披露，从而在剔除通货膨胀影响的情况下，将一个时期的经济产出与另一个时期的经济产出进行比较。

名义价格（Nominal price）：按未剔除通货膨胀影响的货币现值表示的价格。

非线性系统（Nonlinear System）：一种结果与输入不成比例的系统，因此，即使输入相同，往往也会带来不同的结果。

发行备忘录（Offering Memorandum）：描述私募投资发行细节的法律文件，包括投资管理者、投资过程、费用以及所涉及的风险等。

开放式共同基金（Open-end Mutual Fund）：由专业投资机构管理且股份数量不受限制的混合性注册基金。开放式共同基金的价格始终等于基金的资产净值。

共同基金（Mutual Fund）：请参阅开放式共同基金。

未平仓头寸（Open Position）：尚未平仓的证券交易。

期权（Options）：一种让投资者有权在未来按一定价格买卖某种基础证券但最终可以选择不进行实际交割的投资证券。

被动型管理（Passive Management）：一种投资管理策略，基金经理构建与基准组合基本相似的投资组合，以寻求复制目标指数或基准组合的表现。

头寸规模（Position Size）：配置给特定资产的金额在整个投资组合中占据的百分比。

渐进式投资组合管理人（Piecemeal Portfolio Manager）：通过渐进式的小额交易对投资组合进行调整，区别于通过大手笔交易改变组合结构的主动型投资者。

投资组合（Portfolio）：由个人或机构持有的资产集合。

投资组合管理（Portfolio Management）：将多种资产组合起来的过程，通过合理的组合，让这些资产的集合能最大程度减少因市场回撤造成的财务损失，并取得正的真实收益。

投资组合经理（Portfolio Manager）：比较不同投资机会并在其中分配资金的个人。

现值（Present Value）：未来现金流的现值。现值等于未来现金流按特定折现率折算到今天的价值，这个折现率通常等于这些未来现金流的预期收益率或资本成本。

市盈率（Price Earnings Ratio，P/E）：投资者为取得 1 美元收益所愿意支付的价格。市盈率等于股票的市场价格除以历史收益或预期收益。

本金（Principal）：金融交易中借出或借入的原始金额。

期票（Promissory Note）：约定在预定时间或某些条件下支付利息或本金的协议。

招股说明书（Prospectus）：描述了公开发售投资产品详细信息的法律文件，包括投资的管理者、投资过程、费用以及相应的风险等。

公开发行（Public Offering）：私人公司通过向公众发行普通股而筹集资金的过程。

采购经理人指数（Purchasing Managers' Index，PMI）：对企业当前和预期经营状况逐月进行的调查，调查内容包括新订单数量、库存数量、招聘计划和定价等，并以此作为反映经济运行水平的指标。

房地产（Real Estate）：通过租金或价格升值而创造收益的建筑物和物业管理行业。

房地产众筹（Real Estate Crowdfunding）：一种通过互联网向个人筹集资金用于房地产交易的做法。

房地产投资信托基金（Real Estate Investment Trusts，REITs）：持有商业房地产（如办公楼、公寓、仓储单元、酒店和露天大卖场等零售场所）股份的证券。

真实利率（Real Interest Rate）：剔除通货膨胀影响后的利率。

真实价格（Real Price）：剔除通货膨胀影响后的价格。

真实收益（Real Return）：在调整了通货膨胀影响后的投资预期或实际收益。

真实收益率（Real Yield）：剔除通货膨胀影响后的有价证券收益率。真实收益率的一个例子是通货膨胀保值债券（TIPS）的收益率。

再平衡（Rebalancing）：出售业绩良好但超过既定目标权重的资产，并用出售收入买进业绩表现不佳但低于目标权重的资产，从而维持投资组合结构基本稳定的过程。

恢复期（Recovery Period）：一笔投资收回损失所需要的时间。

收益驱动因素（Return Drivers）：决定业绩的投资属性，包括收益率、现金流增长率或杠杆率等。

满足感（Satisfice）：是经济学家赫伯特·亚历山大·西蒙杜撰出来的一个词，它是满足与满意的结合，其含义在于，满足源于更好的决策，而不是最优的决策。

SEC 收益率（SEC yield）：美国证券交易委员会（SEC）针对债券基金和 ETF 要求采用的标准收益率指标。SEC 收益率等于基金的最差收益率减去共同基金或 ETF 收取的投资管理费等运营费用。

二级市场（Secondary Market）：买卖双方之间交易已发行投资证券的金融市场。

融券（Securities Lending）：向卖空者有偿借出证券的做法。

证券（Security）：一种体现投资者所有权的可交易金融产品。

优先级债务（Senior Debt）：在出现违约的情况下，在偿付本息和取得抵押品方面优先于其他债权人的债务。

股东（Shareholders）：泛指股票、ETF 或共同基金等投资证券的所有者。

卖空（Short Selling）：一种投资技术，其实质就是向其他投资者出售借入的投资证券，在证券价格下跌时，借入价格与回购价格的差额构成了做空投资者的利润。

智能贝塔（Smart Beta）：是一种通过系统性利用价值、动量或高股息等交易因素获取超额收益的投资策略。

投机（Speculation）：是指投资结果高度不确定、收益率是正还是负存在分歧的交易机会。

现货价格（Spot Price）：可以购买或出售某种资产的当前价格。

标准差（Standard Deviation）：在基于现代投资组合理论的资产配置模型中，用于衡量市场波动性的统计指标，标准差衡量了数据点与平均值的分布情况。

股票回购（Stock Buyback）：某公司在二级市场上购买自己公司股票，减少流通在外股票数量的行为。

跟踪误差（Tracking Error）：衡量主动管理型投资组合或基金的收益率偏离目标指数的指标。

纳税负债（Tax Liability）：应支付政府税务机关的税款。

期限溢价（Term Premium）：投资债券时，投资者因对未来通货膨胀率或真实利率是否高于预期收益率的不确定性而要求得到的额外补偿。

递延税金融产品（Tax-deferred Investment Vehicle）：指个人退休账户（IRA）或401（k）计划之类的账户，它允许将收入和已实现收益递延到从账户中提取时才进行纳税。

交易成本（Trading Costs）：因委托经纪人或顾问进行交易而以佣金或交易费形式向他们支付的资金。

暂停交易（Trading Halt）：证券交易所暂时中止某种证券交易的制度。

国库券（Treasuries）：联邦政府发行的债券和其他债务性凭证。

通货膨胀保值债券（Treasury Inflation-Protected Securities，TIPS）：是由美国政府发行并以通货膨胀率为基准的浮动利率债券，以保护投资者免受通货膨胀的影响。

未对冲（Unhedged）：没有对投资组合提供规避市场损失或货币波动风险的保护。

非抵押债务（Unsecured）：违约后没有资产提供还款担保的债务。

涨幅（Upside）：投资机会的预期收益。

估值（Valuations）：说明证券等资产相对历史平均水平或其他证券定价水平高低的财务指标。

价值投资（Value Investing）：以价格低于内在价值的股票或其他证券为对象的投资方式。

风险投资（Venture Capital）：对非上市初创公司进行的投资。

波动率（Volatility）：反映证券或其他资产偏离预期收益率或平均收益率的程度。

加权平均值（Weighted Average）：以各观察值乘以规模等特定权重后加总计算平均值。加权平均值不同于简单平均值，简单平均值等于全部观察值的总和除以观察值的数量。

加权平均久期（Weighted Average Maturity）：是指债券投资组合到期的加权平均到期时间，计算方法是以每个债券的百分比乘以该债券尚未到期的月数或年数，从而得到一个以配置比例为权重的加权平均到期时间。

权重（Weighting）：配置给特定证券在投资组合或指数中占有的百分比。

到期收益率（Yield to Maturity）：持有债券或债券基金至到期日时可实现的总收益率。

最差收益率（Yield to Worst）：持有债券或债券基金至到期日或满足某些条件被提早赎回情况下可实现的总收益率。

零和游戏（Zero-sum Game）：每个赢家都对应一个输家的游戏。

致 谢

感谢贝纳迪特·吉瓦（Bernadette Jiwa）为本书书名提供思路，感谢我的经纪人保罗·卢卡斯（Paul Lucas）在得悉这个书名的 4 年里给我提供的创作动力。

感谢编辑诺亚·施瓦茨伯格（Noah Schwartzberg），他对我深信不疑，而且始终给予我强有力的支持。

感谢我的两个孩子布雷特和卡姆登，他们为编辑这本书而放弃休息时间。

感谢我成千上万的播客听众给予我的支持、问题和想法。

最后，感谢"大家来理财"论坛的 1 000 位会员在投资过程中的相互帮助，尤其是那些对本书提出坦诚意见和建议的会员。

杰出投资者的

底层认知

MONEY FOR THE REST OF US

深谙资产配置与风险管理的你，
就是杰出的投资者

　　到此为止，如果各位能理解并认同本书的内容，我就可以说，你已经掌握了成功投资所需要的工具和知识。在准备配置能带来现金流的投资时，我希望各位也能有足够的信心。要成为杰出的投资者，你并不一定要成为金融专家。其实，我们唯一需要的，就是有条不紊的投资流程，一个值得遵循的投资框架，在其他人惊慌失措时，它们能帮助你保持冷静。**我认识的最聪明、最杰出的投资者都和你一样，并不知道未来到底会发生什么，但他们都拥有能为投资决策提供理性指南的投资理念和原则。**

　　此外，在面对极端不确定性的环境时，他们也不缺少制定投资决策的智慧。有时候，他们的决策会带来良好的效果；但在某些情况下，即使遵循完善的决策流程，决策也可能会招致不良结果。有的失败可能只是源自投资管理者的错误，他们在分析中遗漏了某些重要环节。

我在第 3 章提到过，在 20 世纪 90 年代后期，我曾推荐一家大学基金组织投资高收益债券，高收益债券此前一直有非常强劲的表现，这件事让我受益匪浅。我认识到，在对未来制定投资决策时，历史业绩是最靠不住的依据。每次和客户讨论这只高收益债券的基金经理的业绩时，我都会感到强烈的内疚。由此，我意识到，我必须深入了解，决定一笔投资收益的驱动因素到底是什么。

通过这种认识并对当前状况进行分析，有助于我们制定更合理的收益假设。这也是我在 2008 年年末采取的方法：在其他投资者唯恐避之不及的时候，我再次向客户推荐高收益债券。尽管我不知道债券是否已进入市场底部，但我很清楚，高收益债券的到期收益率已接近 20%。这样，我的客户完全可以凭借这笔投资在未来有所斩获。事实证明我的判断无误。

重温塞斯·卡拉曼的投资金律

在进入投资这个行当时，我的第一份工作是投资顾问。我当时还坚信，基金经理和策略师能准确预见未来将要发生的事情，一定有未卜先知的基金经理。

我花了很多年时间去研究股票和债券的管理机构、对冲基金及其他投资咨询公司，试图找到那些貌似神通广大的基金经理。有些人可能拥有某种信息优势，能准确预测可能发生的事情，并从中获利。但是，我从未发现名副其实的未卜先知者，因为世界上不存在这种人。

我认识的最杰出的投资者，就是资产配置者和风险管理者。他们深入调查并深谙整个投资世界，把资金配置到他们认为最有可能存在非对称风险收益平衡的领域，利用潜在赢利远大于潜在损失的机会赚取利润。在使用这种方法的投资者当中，最让我受益的就是对冲基金 Baupost 集团投资业务创始人塞斯·卡拉曼（Seth Klarman）。在我以前的咨询客户中，绝大部分人把资产交由他的公司进行管理。他被视为有史以来最成功的投资大师之一。[1]

多年来，我每年都有幸在 Baupost 集团的办公室里见到卡拉曼，洗耳倾听他的投资理念和流程。我喜欢反复阅读他自 1983 年以来每年发表的致客户信。

卡拉曼认为，杰出的投资者习惯于"义无反顾地采取行动，在执行中毫不动摇，而且有敢于承认错误的勇气。在意识到自己错了时，他们有知错必改的敏锐度、灵活性和主动性；而且又有不为他人所动的执着，不管他人的理由有多么充分，对自己的观点有多么不认同，都不会动摇他们的信念……他们有坦然接受错误的正直，有敢于冒险而不畏犯更多错误的坚毅，还有不把运气和技能混为一谈的智慧"。[2]

力求更好的决策，而不是最优决策

贯穿本书，我始终在重中的一个主题就是：作为个人，我们不仅是投资组合管理者，也是投资风险的管理者。我们保卫个人资产的职责，就是积极寻找在预期收益和估值方面最有吸引力的领域，规避投资者过于乐观并导致未来预期收益不佳的领域。

管理投资组合的目标不是准确预测未来或是超越其他投资者，而是一个将多种资产进行合理搭配的过程：一方面，最大程度减少市场重大回撤造成的个人财务损失；另一方面，为投资者创造出高于通货膨胀率的收益率，从而实现风险可控与实现正收益的终极目标。

投资组合管理的核心在于理解量化分析与投资动机；而且我们需要认识到，投资是一个没有正确答案的问题，永远不存在完美无瑕的最优组合，就像没有最好的花园或菜园一样。

每天早晨醒来时，我们都要看看天气如何，并就此决定我们该穿什么衣服。选择服装同样不存在最优化答案。对此，罗闻全指出，如果他的衣柜里有 10 件衬衫、10 条裤子、5 件夹克、20 条领带、10 双袜子和 4 双鞋子，他就可以搭配出超过 200 万套服装组合。如果他只花一秒去考虑每一种可能的搭配，他需要花费近 24 天的时间才能做出最终决定。

在现实中，我们对穿衣戴帽的选择只是一个相对满意的问题。满足感（satisfice）是经济学家赫伯特·亚历山大·西蒙（Herbert Alexander Simon）杜撰出来的一个词，它是满足与满意的结合。[3]

当我们得到满足时，我们会力求做出更好的决策，而不是最优决策。我们会根据当天的天气情况，采用经验法则选择合适的衣服，这些经验法则既包括成功的经验，也包括失败的教训。当我们选择的服装得到其他人的赞赏时，我们会乐此不疲地反复尝试；如果不这样穿戴，我们会觉得自己将变得傻乎乎。

当然，并非每个人都会喜欢相同的着装风格：有些人喜欢穿着简约干练，因此，他们可能每天都会选择最普通的制服；有些人可能偏爱复杂之美，于是，他们会选择很多件衣服，辅之以围巾或配饰之外的装饰；还有些人喜欢追随时尚潮流，并力求走在时尚的最前沿；也有一些人干脆把自己的衣柜外包给设计师。

投资也是一样的道理。我们不仅要考虑长期的预期收益率，还要考虑取得这个预期收益率的风险。我们要随时关注当前的投资环境，比如说，股票市场整体价格是贵还是便宜，债券的收益率是多少。然后，我们会像选择服装那样，根据这些期望选择合理的投资组合。根据以往经验做出足够好的选择，我们会感到满意。并非所有人的投资组合都是相同的。

每个人都需要根据个人偏好量身定做适合自己的投资组合：有些人喜欢极简风格的投资组合，因而只持有 2 ~ 3 种资产；有些人则喜欢配置多种资产后进行微调的策略；也有些人热衷于追随最新的投资热点；还有人干脆把他们的投资决策外包给投资顾问，就像名人都有自己的设计师一样。

更合理、更明智的决策框架

无论你自己采用的是哪一种投资方式，回答如下这 10 个问题，都有助于你做出更合理、更明智的投资决策。

1. 你了解你投资的东西吗？ 我们应努力以最简单的语言认识和解释一笔投资的特征。解释可以让我们保持低调，并帮助我们去发现自己尚不了解的事情。

2. 投资、投机还是赌博? 按照最有可能实现的是赢利、亏损还是结果高度不确定性，对各种投资机会进行分类，从而将整个投资世界进行简化处理。当我们将大部分精力集中于预期收益为正的投资机会上时，我们为研究所投入的时间自然会大大减少。

3. 期望收益能实现多少? 我们可以使用经验法则估算投资的预期收益率。这样，我们就可以对不同的投资机会进行比较，并确保假设的合理性。

4. 如何管理投资组合的风险? 投资的损失方面包括最大的潜在损失以及这种损失造成的个人财务伤害。评估投资风险的目标，就是避免不可挽回的财务损失，而不是彻底规避任何风险。如果排除全部有可能招致投资损失的风险，我们的总体风险水平就会大大降低，投资组合的收益率落后于通货膨胀率的概率也会大大增加。

5. 你在同谁做交易? 了解是谁在向我们出售资产，有助于我们规避将成功寄希望于预见未来或是超越其他投资者的金融产品。

6. 如何深入评估金融产品? 金融产品是指采用特定投资策略的工具、产品或载体。在投资之前，我们应该能对金融产品的属性作出合理解释，包括预期收益率、潜在最大回撤率、流动性、费用、结构和定价等方面。

7. 需融合哪些收益驱动因素? 所有投资都有其特殊的收益驱动因素，包括收益率、现金流增长率、杠杆率以及其他决定投资业绩的属性。成功的投资组合应该是已知收益驱动因素的有机结合。

8. 谁在暗中侵蚀投资收益? 杰出的投资者需要了解那些金融机构会以费用、支出和税金等形式获取一部分收益。我们应确保取得足够的收益来抵消这部分成本。

9. 如何构建适配的投资组合? 我们不应把资产配置看作只有一个正确答案的最优化问题。相反,使用基本投资准则和经验法则,我们拥有充分的创造性自由来构建与我们的知识、兴趣和价值观保持一致的多元化投资组合。

10. 你的行动策略是什么? 一旦我们确定了一个有吸引力的投资机会,我们必须决定何时投资以及投资多少资金。投资多少资金取决于我们对某项投资取得成功的信心、成功所需要的收益驱动因素的可靠性以及投资失败可能带来的个人财务损失。至于应在什么时候投资,则取决于我们计划投入的资金量以及当前的市场状况。

在筛选投资机会的过程中,我们总会找到一些有益的指南,包括虚拟导师和投资组合建模等。我希望本书可以为各位管理投资组合提供有益的帮助和指南。

如果你从本书受益,而且你认为本书也可以帮助你身边的其他人,我真诚地希望你能无私地与他们分享本书,我将不胜荣幸。

感谢你阅读本书,祝你投资稳赚!

海派阅读
GRAND CHINA

READING
YOUR LIFE

人与知识的美好链接

20 年来，中资海派陪伴数百万读者在阅读中收获更好的事业、更多的财富、更美满的生活和更和谐的人际关系，拓展读者的视界，见证读者的成长和进步。

现在，我们可以通过电子书（微信读书、掌阅、今日头条、得到、当当云阅读、Kindle 等平台），有声书（喜马拉雅等平台），视频解读和线上线下读书会等更多方式，满足不同场景的读者体验。

关注微信公众号"**海派阅读**"，随时了解更多更全的图书及活动资讯，获取更多优惠惊喜。你还可以将阅读需求和建议告诉我们，认识更多志同道合的书友。让派酱陪伴读者们一起成长。

微信搜一搜 🔍 海派阅读

了解更多图书资讯，请扫描封底下方二维码，加入"中资书院"。

也可以通过以下方式与我们取得联系：

📱 采购热线：18926056206 / 18926056062　　📞 服务热线：0755-25970306

✉ 投稿请至：szmiss@126.com　　🌐 新浪微博：中资海派图书

更 多 精 彩 请 访 问 中 资 海 派 官 网　　`www.hpbook.com.cn` ›